초등 저학년 아이의 사회성이 자라납니다

아이의 첫 사회 진출

초등 저학년 아이의 사회성이 자라납니다

자녀의 사회성을 성장시켜 줄
학부모와 교사의 품격 있는 소통법

이다랑·이혜린 지음

· 목차 ·

| 프롤로그 | 학부모와 선생님이 협력해야 아이가 건강하게 성장합니다 | 6 |

1장   학교에서 자라는 아이의 사회성

사회성이 크게 발달하는 초등학교 시기	13
사회성 발달에 필요한 4단계	19
초등 시기, 부모는 어떤 역할을 해야 할까요?	27
부모와 선생님의 협력을 통해 자라는 아이	36

2장   아이의 사회성 발달, 선생님과 이렇게 협력하세요

	1년 동안 선생님과 만나기	47
협력 ❶	새 학년 새 학기, 아이를 잘 소개해 주세요	50
협력 ❷	첫 학부모 상담, 이렇게 준비하세요	62
협력 ❸	아이의 학교생활, 이런 점은 신경 써 주세요	71
협력 ❹	학부모 참관수업에서 확인해 주세요	82
협력 ❺	두 번째 학부모 상담에서는 이렇게 협력하세요	88
협력 ❻	학교에 문제 제기는 어떻게 해야 할까요?	94

3장   아이의 사회성 문제, 이렇게 대처하세요

	학교생활에서 생기는 문제들	109
대처법 ❶	친구 사귀기 어려워할 때	111
대처법 ❷	반 친구에게 괴롭힘 당하는 것 같을 때	116
대처법 ❸	단짝 친구가 없다고 느낄 때	123
대처법 ❹	다른 친구를 괴롭혔을 때	129
대처법 ❺	같은 반 친구가 소외되고 있다는 것을 알았을 때	134
대처법 ❻	고자질을 자꾸 해서 미움받을 때	139
대처법 ❼	친구들의 요구를 거절하지 못하고 끌려다닐 때	145
대처법 ❽	학교 가기 싫다고 등교 거부를 할 때	151
대처법 ❾	전문가 상담이나 검사를 권유 받았을 때	157
대처법 ❿	담임 선생님이 전화를 너무 자주 할 때	162
대처법 ⓫	담임 선생님이 내 아이에게 무관심하다고 느낄 때	167

에필로그	모든 문제의 해결은 기본에서 시작됩니다	172
Q&A	초등 학부모가 가장 궁금해하는 20가지	176

· 프롤로그 ·

학부모와 선생님이 협력해야 아이가 건강하게 성장합니다

　언젠가 여러 학부모와 이야기하던 중, '아이를 키우기가 왜 어려울까?'라는 질문에 관해 이야기를 나눈 적이 있습니다. 많은 이야기가 나왔지만, 그중에서 가장 인상적이었던 부분은 '아이가 계속 자라고 변하기 때문이다.'라는 이야기였습니다. 생각해 보니 정말 그렇습니다. 다른 일들은 어느 정도 하면 폭이 작아지고 반복이 되면서 안정을 찾는 경우가 많습니다. 그래서 이전보다 확실히 '경력직'이 되지요. 그런데 아이를 키우는 일은 그렇지 않습니다. 아이는 끊임없이 빠른 속도로 자랍니다. 어린이집을 보내는 것에 익숙해질 때쯤 어느덧 초등학교에 입학하게 되고, 눈 깜빡하는 사이에 청소년이 되어 있습니다. 덩달아 부모도 계속 처음 마주하는 아이의 변화에 당황하게 되고 새로운 적응을 꾀해야 합니다.

끊임없는 변화 속에서 부모로서 가장 극적인 시점을 꼽으라면 역시 '초등학교 입학'이 아닐까 합니다.

"지금까지와는 완전히 다른 출발선 앞에 서 있다. 이제 정말 시작이다!"

많은 부모가 이런 주변의 말들에 압도됩니다. 그동안 아이를 기르며 노력해 왔던 부모의 노력이 공개적인 시험대에 오르고 성적표를 받게 되는 것 같다는 말을 종종 듣습니다. 저 역시 처음 아이를 초등학교에 보낼 때는 내내 긴장하고 불안했던 기억이 납니다. 부모 눈에는 '아직 천방지축인 아이가 학교라는 사회와 공간에서 적응하고 잘 다닐 수 있을까?'라는 걱정이 끊임없이 들었기 때문입니다.

아이의 초등학교 입학은, 부모에게도 새로운 관계가 시작된다는 것을 의미합니다. 학교 선생님과 새롭게 맺는 관계는 부모가 지금까지 어린이집이나 유치원 선생님과 맺어온 관계와는 크게 다를 수밖에 없습니다. 그런데다 새 담임 선생님이 어떤 분인지 알 수 있는 사전 정보도 적고, 그렇다고 아이가 학교생활에 대해 자세히 차근차근 이야기하는 것도 아니기에 부모는 답답합니다. 애플리케이션이나 알림장을 통해 사진과 글로 아이의 일과를 꼼꼼하게 알 수 있었던 어린이집이나 유치원과 달리, 아이의 학교생활을 세세하게 알 길이 없습니다. 아이가 이야기해 주는 몇 마디, 딱 거기까지만 알 수 있지요. 그렇다고 선생님에게 편하게 물어보기도 어렵습니다. 연락을 쉽게 할 수 없는 분위기이기도 하고, 매번 따로 연락하여 물어보기에는 극성스러운 학부모처럼 보일까 봐 걱정이 앞서기도 합니다.

더구나 최근에는 학부모와 선생님 사이의 일들이 사회 문제가 되는 경우가 많았습니다. '설마 진짜 그런 일이 있었다고?'라고 생각할 정도로 믿기 어려운 사건들이 곳곳에서 터지면서 부모는 선생님과의 거리를 어느 정도로 유지하며, 어떻게 지내야 할지를 이전보다 더 많이 고민하게 되었습니다.

이런 사회 분위기 속에서 선생님과의 소통을 자제하는 부모도 늘어나고 있습니다. 이것 또한 걱정스러운 부분입니다. 학교와 가정은 어느 정도 소통하며 아이의 성장을 위해 협력할 필요가 있는데, 기본적으로 필요한 소통마저 조심스러워졌기 때문이지요.

하지만 결국 부모와 선생님의 목표는 결국 같습니다. 부모와 선생님은 모두 아이의 건강한 성장을 돕고 사회의 좋은 구성원이 되도록 가르칩니다. 다음 세대를 만드는 일을 함께하고 있지요. 이 목표를 위해 부모는 가정에서 역할을 하고, 학교에서는 선생님이 중요한 역할을 합니다. 그렇게 각각의 역할이 합쳐져, 아이의 성장의 바탕이 된다는 이 당연하고 기본적인 원리가 점점 희미해져 가는 것 같습니다.

지금은 다시 부모와 선생님의 역할을 정리하고, 서로 어떻게 소통하여 아이의 성장을 도울지에 대한 고민이 필요한 시점입니다. 이 책을 통해 초등학교 생활을 통해 성장하는 아이의 사회성 발달과 이를 위한 부모와 선생님의 역할 그리고 협력에 관해 이야기하고자 합니다. 읽다 보면 '이건 나도 들어본 이야기인데?'라고 생각되는 부분이 있을지도 모릅니다. 하지만 그 당연한 이야기를 포함하여, 학부모와 선생님 모두 함께 다시 생각을 나누고, 이 시점에서 재정립해야 할 부분들을 모아 이 책을 집필하였습니다.

◆ **1장** ◆

학교에서 자라는 아이의 사회성

사회성이 크게 발달하는 초등학교 시기

　초등학교 시기에는 아이에게 신체, 언어, 인지 발달 측면에서 모두 놀라운 성장이 일어납니다. 이전보다 훨씬 다양하고 정교한 운동을 배우고 즐길 수 있을 만큼 신체 발달이 이루어지고, 일상생활과 학습에 필요한 언어 발달이 크게 성장합니다. 특히 아이의 인지 발달에서 큰 변화가 일어납니다. 이전까지는 다양한 측면을 동시에 고려하지 못하거나 물건을 살아 있는 생명체라고 느끼기도 하며, 시간이나 감정 같은 추상적인 개념은 어려워하는 등의 유아기적 사고 특성을 가지고 있었습니다. 하지만 초등학교 시기에는 자아중심적인 사고에서 벗어나 보다 논리적인 사고가 가능해집니다. 또한 본격적인 학습도 효과적으로 가능해지지요.

그럼에도 초등학교 시기에 가장 중요한 변화를 꼽자면 '사회성이 피어나는 단계'라고 이야기할 수 있습니다. 즉 초등학교 입학 전 영유아 시기까지는 사회성이 피어나기 위한 준비를 하는 과정이었다면, 초등학교 입학이라는 변화된 환경을 통해 사회성의 꽃이 움트게 되는 것이라 볼 수 있지요.

✣ 사회성 발달이란 무엇일까?

실제로 영유아에서 청소년까지에 이르는 자녀를 양육하는 부모를 만나 상담하다 보면, 공통적으로 가장 많이 나오는 고민의 키워드가 '사회성'입니다. 다른 고민은 특정 연령이 지나가면 사라지거나 마무리되기도 합니다. 예를 들어 유아기의 수면 교육이나 배변, 사춘기 같은 문제들이 그렇지요. 하지만 사회성은 다릅니다. 겉으로 보이는 모양만 조금씩 다를 뿐 아이가 성인이 될 때까지 사회성과 연결되는 고민은 끊임없이 이어집니다.

영유아는 자신이 원하는 것을 언어로 표현하는 것에 미숙합니다. 또한 발달 시기적으로 타인과의 관계에 대한 고려보다는 내가 세상을 탐색하고 즐기는 일에 훨씬 집중되어 있지요. 그래서 많은 부모가 자신의 아이가 다른 친구를 밀치거나 장난감을 빼앗는 행동을 보이거나 또래와의 놀이를 즐기지 않는 것처럼 보일 때 아이의 사회성을 걱정합니다.

초등학교 입학 시기가 되면 아이의 또래 관계, 그리고 사회성에 대한 부모의 고민은 더욱 커집니다. 아이는 또래 친구들과 어울리면서, 자신의 사회성 발달 정도와 성향에 따라 여러 종류의 행동 특성을 보입니다. 어떤 아이는 자기 욕구를 다른 사람들과 조율하기 어려워하고, 또 어떤 아이는 자기주장이 어려워 또래 친구를 따라가는 모습이 보이기도 합니다. 아이의 문제를 매번 부모가 나서 해결해 줄 수도 없고, 그렇다고 마냥 기다리며 모른 척하자니 불안하고 찜찜한 마음을 털어 낼 수가 없지요.

심지어 청소년기가 되어도 자녀에 대한 사회성에 대한 고민은 줄어들지 않습니다. 오히려 더욱 다양한 측면으로 부모에게 고민을 안겨 줍니다. 어떤 아이는 친구 관계에 과몰입하여 가족보다 친구를 더 중요하게 여기고, 친구들이 하는 것은 무엇이든 따라 합니다. 또 다른 아이는 친구들에게 느끼는 소외감을 견디지 못하고, 사회와 단절된 삶을 살기도 합니다. 부모님과의 대화를 거부하고 반항을 하는 경우도 많습니다.

사회성 발달이 자녀 양육에 있어 중요하게 여겨지는 이유는 크게 두 가지가 있습니다.

먼저 결국 양육의 최종 목표가 사회성과 맞닿아 있기 때문입니다. 부모가 아이를 키우는 최종 목표는 바로 아이를 이 사회의 구성원으로 잘 키워내는 것입니다. 아이가 내적으로 만족과 행복을 느끼는 건강한 사람으로 성장함과 동시에 사회에서 맞닥뜨리는 다양한 관계 속에서 제 역할을 해낼 수 있는 독립적인 인격체로 자라게 하는 것이지요. 학교 교육의 목표도 마찬가지입니다. **학생들을 훌륭한 사회 구성원으로 길러 내는 것입니다.** 이렇게 사회성이 중요함에도 사회성이 정확하게 무엇인지 그리고 어떻게 아이의 사회성이 발달하는지, 부모는 무엇을 지원하고 가르쳐야 하는지에 대한 관심이 부족합니다.

두 번째 이유는 아이의 **사회성이 자기 자신을 스스로 어떻게 생각하고 받아들일지에 커다란 영향을 미치기 때문입니다.** 사회성은 '자아 개념' 그리고 '자존감'과 연결되어 있지요. '나는 어떤 사람일까?'라는 부분은 다른 사람과의 상호 작용과 경험을 통해 만들어집니다. 그래서 사회적인 상황에서 문제를 해결하여, 성공적인 경험이 많을 수록 내가 어떤 존재인지에 대한 긍정적인 감정이 쌓이게 됩니다. 이런 경험들은 아이가 성숙된 인격을 가지고 사회에서 독립된 존재로 살아가게 하며, 내면적으로는 자신에 대한 존중을 갖도록 돕습니다. 그래서 사회성은 중요합니다.

그럼 아이에게 있어 '사회성이 좋다'라는 말은 무슨 뜻일까요? 한 아이가 자기 마음대로 안 되면 울고 떼쓰며 친구에게 소리지르며 싸우기도 합니다. 부모는 이 행동을 보고 아이가 사회성이 좋다고 할까요? 부모들의 대부분은 아니라고 답할 것입니다. 부모가 생각하는 좋은 사회성이란 친구와 사이좋게 잘 지내는 것이니까요. 또 다른 아이는 친구들과 싸우지 않고 늘 평화롭게 잘 지냅니다. 하지만 자기가 원하는 것을 거의 친구들 앞에서 내세우지 않습니다. 친구들이 원하는 대로만 맞춰 주기 때문에 늘 친구들의 무리 속에 있습니다. 이 아이는 사회성이 좋다고 생각되시나요? 그 아이가 내 자식이라면 분명 '네'라고 대답하기 망설여지실 겁니다. 왜 그럴까요? 사회성이란 그저 다른 사람들과 문제를 일으키지 않고 잘 지내는 것을 의미하는 것이 아니기 때문입니다.

사회성은 단순히 관계를 잘 맺는 것에 그치지 않고, 그 관계를 유지하며 갈등을 해결하는 연속적인 개념입니다. 그래서 '문제 해결력'에 가깝지요.

사회성을 문제 해결력의 관점에서 보면 사회성에 대해 가졌던 여러 가지 오해를 바로잡을 수 있습니다. 부모들은 보통 아이가 여러 친구를 사귀지 않으면 사회성을 걱정합니다. 하지만 단순히 다양하게 여러 친구와 잘 어울린다고 해서 사회성이 좋다고 보기는 어렵습니다. 친구가 많고 적고의 문제가 아니라, 친구들과의 관계를 어떻게 맺고 유지해 가는 지가 더욱 중요하기 때문이지요.

    다른 친구와 무조건 사이좋게 지내야 한다는 가르침도 적절하지 않습니다. 아이는 친구와 싸울 수도 있으며, 싸우는 방법도 배워야 합니다. 내가 원하는 것만 내세울 때 문제가 생기고, 서로 이견을 조율하는 과정을 거쳤을 때 원하는 결과에 가까워진다는 것을 경험해야 합니다. 이렇듯 또래와의 갈등을 겪고 해결하는 과정을 통해 사회성이 발달합니다.

사회성 발달에 필요한 4단계

✣ 1단계 : 신뢰감 대 불신감, 나와 세상을 인지하다

아이는 처음부터 사회적인 존재로 태어나는 것이 아닙니다. 엄마의 자궁 속에서 편안한 온도와 영양을 채우며 존재하던 아기는 출산으로 세상에 나오게 되면서 어안이 벙벙한 상태이지요. 이전에 있었던 곳(엄마 자궁 속)과 달리 굉장히 불편함이 많은 이곳에서 울음을 통해 나의 필요를 요구할 때마다 즉각 채워지고 해결되는 경험은 아이에게 자신의 전지전능함을 느끼게 만들어 줍니다. 부모가 아이의 필요를 채워 주고 있는 것이지만 아이의 내면에 아직 타인은 없습니다. '나'와 '세상'

이 존재할 뿐이지요.

'와, 나는 정말 대단한 존재인가 봐.', '여기는 정말 안전하고 편안한 곳이네?' 아기는 이런 마음을 갖게 되면서 자기 자신과 세상에 대한 안정감을 느끼고 신뢰를 느끼게 됩니다. 스스로 소중한 존재로 여기고 세상과 관계를 맺게 되는 첫 번째 단계라고 할 수 있지요. 특히 아이가 성장하면서 부모의 스킨십은 사회성 발달에 큰 발판이 됩니다. 부모가 아이를 안아 주고 만진다는 것은 아이의 피부에 무언가가 접촉되는 것을 의미합니다. 즉 아이 입장에서는 나와 바깥세상이 존재한다는 실질적인 경험의 행위이지요. 아이는 그 접촉을 통해 안전함을 느끼고, 존재감은 굳건하게 세워집니다.

그리고 나서야 비로소 양육자(부모)라는 타인을 인지하기 시작합니다. 그것도 '주양육자'를 콕 찍어 나의 첫 번째 타인으로 받아들이지요. 보통 생후 6~8개월 사이에 이 단계로 넘어갑니다. 지금까지 나와 바깥세상으로 이루어진 아이의 세계 안에 타인이 들어오는 것입니다. 그 타인이 지금껏 나를 돌보아 주고 나의 필요를 채워 준 중요한 사람이었다는 것을 아이는 알게 됩니다. 그러니 얼마나 중요하고 소중할까요? 잠시도 떨어질 수 없습니다. 눈앞에서 사라지는 것을 받아들일 수가 없습니다. 주양육자가 화장실도 가도 안 되고, 문을 닫고 샤워해서도 안 됩니다. 언제나 내 눈앞에, 내 곁에 존재해야 합니다. 부모가 보통 아이를 키울 때 가장 힘들다고 느끼는 '마의 구간'이 바로 이 때지요. 아이가 엄마만 찾고 아빠는 거부한다며 마음에 상처를 입고 호소하는 경우가 있는데, 여러 가지 복합적인 이유가 있을 수 있지만 명확한 이유 중 하나는 아이에게 중요한 타인인 '주양육자'는 딱 한 명이기 때문입니다.

✤ 2단계 : 자율성 대 수치심, 세상을 마음껏 탐색하다

주양육자라는 중요한 타인에 대한 신뢰감이 쌓인 아이는 이제 멈추지 않고 나아갑니다. 이제 걸을 수 있게 되면서 직접 만지고 탐색할 수 있는 기동력이 생겼기 때문입니다. 그래서 아이는 **주양육자를 나의 안전한 기지로 삼고, 세상을 적극적으로 살펴보기 시작합니다.** 세상 무서운 줄 모르고 뛰어다니다가도 이따금 부모에게 껌딱지처럼 달라붙어 위안을 얻고는 또다시 탐색을 시작하는 과정을 반복합니다. 그러면서 나 자신을 제외하고는 오로지 주양육자 1명이었던 아이의 세계가 확장되기 시작합니다. 바로 더 많은 관계를 인지하고 받아들이게 되는 단계로 접어드는 것입니다. 아이는 또 다른 사람을 중요한 존재로 받아들입니다. 예를 들어 주양육자였던 '엄마'뿐 아니라 '아빠'라는 새로운 사람이 더 재미있어합니다. 아빠의 행동을 따라 하기도 하고, 아빠를 경쟁자로 삼기도 하면서, 더 넓은 관계가 만들어집니다. 이것은 사회성 발달에 있어 아주 큰 변화입니다. 아이의 세상이 본격적으로 확장되기 때문입니다.

　에릭슨의 심리사회 발달단계 중 두 번째 단계인 '자율성'도 이 무렵부터 시작됩니다. 자율성이란 결국 아이가 '아, 내가 원하는 것을 해 볼 수 있구나.'라고 느끼는 것입니다. 부모의 눈에는 조금 이상해 보여도, 아이가 자유롭게 접근하고 탐색하며 다양한 방식으로 놀 수 있는 충분한 경험을 하게 해 주어야 합니다. 자기가 원하는 것을 충분히 경험해야 아이 마음에 수치심이 남지 않으며, 그래야 다음 단계인 사회성 발달로 무사히 넘어갈 수 있기 때문입니다.

　아이는 내가 무엇을 어디까지 해 볼 수 있는지 마음껏 도전하며 세상을 탐색하는 것에 몰두해야 합니다. 36개월 정도 되어도 여전히 자신의 감정이나 욕구를 분명히 인지하고 언어로 표현하는 것이 서툽니다. 말로 표현하는 것보다는 울거나 떼쓰고 직접 낚아채는 행동을 더 본능적으로 사용합니다. 이러한 이유로 다른 친구를 밀치거나 꼬집고 때리는 행동을 보이기도 합니다. 부모로서는 사회성 부족으로 걱정할 수 있지만, 그렇게 단순화해서 봐서는 안 됩니다. 특히 36개월 이하 아이에게 부모가 생각하는 사회성의 잣대를 대기에는 너무 무리가 있지요. 이렇듯 아이는 태어나서 꽤 오랜 시간 동안 본격적인 사회성 발달단계로 접어들지 못합니다.

❖ 3단계 : 주도성 대 죄책감,
　　　　내가 원하는 것을 다른 사람과 함께 하다

아이는 자기 자신과 세상에 대한 신뢰감을 충족한 후에야 자기가 원하는 것을 다른 사람과 함께 할 수 있는 단계로 넘어갑니다.

건강한 사회성은 에릭슨의 심리 사회적 발달단계에서 말하는 '주도성'에 가깝습니다. 에릭슨은 아이가 태어나서 성인이 되어 죽을 때까지 심리적 발달과업을 하나씩 도달하며 성장한다고 보았는데, 이 단계부터는 '내가 원하는 것을 다른 사람과 함께 하는 것'을 경험해야 합니다. 내 마음대로 끌고 가는 것만이 아니라 어떻게 하면 '내가 원하는 것을 함께 잘 할 수 있을까'가 핵심이지요.

만약 아이가 기차놀이를 하고 싶고, 친구는 소꿉놀이하고 싶어 합니다. 이런 상황에서 사회성이 잘 발달하고 있는 아이는 어떻게 반응할까요?

"(친구가 원하는) 소꿉놀이를 먼저하고, 그다음에 기차놀이를 하자."라고 말하거나, 반대의 순서를 제안할 수도 있습니다.

"그럼 내가 기차를 만들어서 소꿉놀이하는 곳으로 갈게!"라고 놀이를 합치는 시도를 보여 줄 수도 있지요. 즉, 내가 원하는 것과 상대가 원하는 것을 조율하여 좋은 결과를 만들어 내는 것이 바로 사회성입니다.

이 시기의 아이들 대부분은 어린이집이나 유치원을 다니면서 다수의 또래와 어울리고, 규칙을 배우기 시작합니다. 하지만 이 단계에서도 아이들의 사회성은 여전히 매우 미숙합니다. 아이의 특성에 따라 자기 욕구 중심으로 행동하는 아이도 있고, 거절 못하고 또래에게 휘둘리는 아이들도 있습니다. 그런 상황을 보는 부모의 입장에서는 불편할지라도, 아이가 사회적인 상황을 접하며 갈등을 경험하고, 그 안에서 해결하는 경험을 연습하도록 도와주어야 합니다.

다만 모든 아이가 자연스럽게 주도성의 단계로 접어드는 것은 아닙니다. 반드시 **자라면서 신뢰감과 자율성의 단계를 잘 넘긴 아이가 주도성의 단계로 접어듭니다.** 주도성을 갖는 나이가 될 때까지 부모의 역할이 절대적이지요. 하지만, 이 시기에 주도성이 완성되지는 않습니다. 사회적 상황에서의 문제 해결 능력이 충분히 갖추고 초등학교에 입학하는 아이는 없습니다. 그러나 적어도 아이가 주도성의 단계로 넘어간 상태로 학교에 입학하는 것은 필요합니다.

❖ 4단계 : 근면성 대 열등감,
　　　　내가 할 수 있는 것을 확인한다

　이렇게 신뢰감, 자율성 그리고 주도성의 씨앗을 품고 아이는 초등학교에 입학합니다. 초등학교 생활에서 아이는 이전보다 훨씬 많은 또래 친구, 그리고 지켜야 하는 다양한 규칙을 만납니다.

　더불어 초등학교 시기부터 아이에게는 한 가지의 발달 미션이 추가됩니다. 이때 달성해야 하는 심리적인 발달과업은 발달학자 에릭슨이 말하는 '근면성'입니다. 무언가를 꾸준히 하고 그 안에서 성취를 느끼며 습관화하는 것을 배워야 하는 시기이지요. 처음부터 스스로 알아서 시작하고 챙길 수 있는 아이는 거의 없습니다. 어떤 순서로 무엇을 보고 확인하며 어떻게 챙겨야 하는지 부모의 도움을 받으며 연습해야 합니다. 아이는 이 사회 안에서 자신이 할 수 있는 것을 확인하고 싶어 합니다.

　아이에게는 해 볼 수 있는 경험이 다양하게 주어져야 합니다. 물론 언제나 잘할 수만은 없기에 좌절을 경험할 수도 있습니다. 하지만 아이가 좌절을 딛고 제자리로 돌아갈 수 있도록 도와주는 것, 그리고 다양한 경험 속에서 내가 잘 해낼 수 있는 것을 하나, 둘 발견하는 것은 매우 중요한 과업입니다. 이 과정 속에서 나는 누구인지 정의하고 사회성의 발달도 더욱 탄탄해집니다. '나는 ○○을 할 수 있구나.'라고 자신을 발견하도록 아이를 도와주어야 합니다. 이 시기의 아이는 가정보다 학교나 외부에 있는 시간이 많아집니다. 즉 이전과 달리 부모의 관찰과 가르침만으로는 아이가 접한 상황에 맞는 문제 해결을 위한 영향력을 다 미치기가 어렵다는 것을 의미합니다.

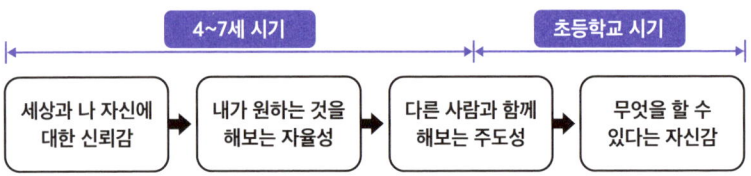

여기서 초등학교 선생님이 가진 역할이 중요해지지요. 초등학교 시기부터 맺게 되는 선생님과의 관계는 정식으로 만나는 '첫 어른과의 관계'로서의 역할을 한다고 볼 수 있습니다. 앞서 사회성은 문제 해결력이라고 설명했는데, **또래와 소통하는 것뿐만 아니라, 성인이 선생님과 소통하며 자신의 이야기를 하고 문제를 해결하는 경험** 또한 초등학교 시기부터 본격적으로 시작됩니다.

초등 시기,
부모는 어떤 역할을 해야 할까요?

　아이의 사회성을 위한 심리발달의 단계를 바탕으로, 가정과 학교라는 두 가지의 사회가 꼭 필요하다는 것을 알 수 있습니다. 아이가 영유아 시기일 때는 가정과 그 안에서 부모의 역할이 절대적으로 중요합니다. 또한 아이의 자율적인 탐색과 모험을 1:1로 지켜보고, 반응해 주는 것도 부모가 해야 하는 중요한 역할 중 하나입니다.

　아이의 행동에 공감하는 것은 부모가 해야 하는 매우 중요한 임무입니다. 다만 아이의 행동을 무조건 받아 준다면 그것은 제대로 된 공감이 아닙니다. 아이에게 제대로 된 공감을 해야만 아이 역시 사회성 발달 속도에 맞추어 타인의 감정에 공감하고 조절할 수 있게 되기 때문입니다. 오히려 부모가 해 줘야 하는 이 공감의 역할을 다른 사람에게 기댈 때 문제가 됩니다. 그래서 교실을 전체적으로 운영해야 하는 초등학교 선생님에게 이 역할을 전적으로 기대하는 것은 적절하지 못합니다. 부모는 부모로서 아이에게 해 줘야 하는 역할이 있음을 분명히 인지하고 실천해야 합니다.

한편 부모의 역할만으로는 아이의 성장을 완전히 도울 수 없는 단계가 오게 됩니다. 그때부터는 학교와 선생님 그리고 또래 관계가 아이를 성장시키는 아주 중요한 축이 됩니다. 아이의 환경은 다각화되고 다양해집니다. 자신이 무엇을 할 수 있고, 어떤 역할을 해야 하는지 배우게 되지요. 6년 동안 초등학교에서 보내며 아이는 조금씩 사회 속에 나로 존재하는 방법을 배우기 시작합니다. 아이는 가정과 부모, 학교와 선생님이라는 두 가지의 사회가 필요합니다. 두 가지의 사회를 경험하면서 진짜 큰 사회 속에서 살아갈 수 있는 힘을 갖게 되고 준비할 수 있게 됩니다.

따라서 아이가 초등학생이 되면, 부모도 새로운 역할로 바뀌어야 합니다. 이전과는 분명히 다른 역할을 해야 하며, 지금 아이에게 필요한 성장에 도움이 되는 방식으로 빠르게 교육 방식을 전환해야 합니다.

✣ 아직 사회성이 미숙한 아이가 문제와 갈등을 겪는 것은 당연합니다

　우선 부모는 학교와 선생님이 아이의 사회성 발달에 어떤 영향을 미치는 존재인지 분명하게 이해하는 것이 필요합니다. 왜 필요하고 중요한지 모르면 적절한 행동을 하거나 도움을 요청하기가 어렵기 때문입니다. 부모의 마음으로서는 아이가 초등학교 입학부터 아무런 갈등이나 사건 없이 잘 적응하면서 동시에 적극적이고 학업에 성과를 보이길 바라지만 처음부터 그렇게 잘해 나가기는 쉽지 않습니다. 어떤 아이는 적극적이지만 자신의 행동이 잘 조절되지 않기도 하고, 또 다른 아이는 규칙은 잘 따르지만, 소극적인 모습을 보이며 새로운 환경에 적응하기 힘들어합니다. 궁극적으로는 아이가 자신이 원하는 것을 잘 표현하고 조율하는 과정으로 가야겠지만, 그 과정에서 아이는 여러 상황을 경험해야 하고 부모와 선생님을 비롯한 다양한 사람들의 지원을 받아야 합니다. 학교생활에서 아이가 크고 작은 문제나 갈등을 겪는 것은 너무 당연하며, 이것은 아이가 성장의 시기에 들어섰다는 것을 뜻합니다.

　하지만 부모마다 제각기 다른 모습으로 아이의 문제에 대응합니다. 어떤 부모는 최대한 아이가 안 좋은 경험이나 갈등을 경험하지 않도록 미리 보호하고 아이를 타이르는 데 힘을 쑵니다. 부모가 막으려고 애쓴다고 아이가 갈등을 겪지 않을 수도 없고, 아이가 항상 부모의 말을 곧이 곧대로 따르는 것도 바람직하지 않습니다. 아이는 그만큼 배울 기회와 문제를 해결하는 기회를 놓치기 때문입니다. 아이가 성장하여 부모가 막아 줄 수 없고, 해결해 줄 수도 없는 나이와 단계가 되었을 때, 아이가 스스로 어려운 문제를 해결할 힘이 부족할 수 있습니다.

비슷한 다른 유형도 있습니다. 바로 어떻게든 부모가 해결하기 위해 끙끙거리는 경우입니다. 아이들 간에 문제가 발생했을 때, 부모가 먼저 친구들의 부모와 직접 이야기해 보려고 하거나 선생님과 논의 없이 단독으로 문제 해결을 하려는 경우입니다. 이런 경우 선생님을 비롯한 모두가 난처한 입장이 될 수 있고, 결과적으로 작은 문제를 크게 만드는 상황이 발생하기 쉽습니다. 당연히 아이도 문제 해결에 대한 적절한 배움을 얻지 못하지요.

마지막으로 학교와 선생님에게 아이의 문제 해결을 전가하는 경우입니다. 가정과 부모의 책임은 없고, 선생님이 혼자 문제를 해결해 주기를 원하거나 혹은 선생님이 다른 친구들을 타일러서 내 아이에게만 맞추어 주기를 기대합니다. 아이의 성장은 선생님의 노력만으로 가능하지 않으며, 한 학급 전체를 운영해야 하는 한 명의 선생님이 모든 아이들의 문제를 세밀하게 챙길 수는 없습니다. 물론 담임 선생님만이 해 줄 수 있는 역할이 있지만, 아이가 학급 생활에서 갈등이 생기거나 문제가 발생했을 때, 부모의 역할과 선생님의 역할을 구분하여 대처할 줄 알아야 합니다.

✣ 학교와 선생님의 역할은 무엇일까요?

　학교생활은 단순히 인지적인 학습이나 교육과정만을 위해서 필요한 것이 아닙니다. 아이의 인성과 사회성, 정서 발달에 있어서 꼭 필요한 환경이지요. 먼저 아이는 학교에서 학급이라는 작은 사회를 경험하고 연습합니다. 그리고 학급마다 담임 선생님이 제시하는 다양한 규칙, 약속 등이 정해져 있습니다. 아이는 학년에 맞춰 준비된 규칙을 통해 사회 안에서 나의 감정과 행동을 어떻게 조절해야 하는지 배우며, 규칙을 지키기 위한 시행착오를 겪습니다. 처음부터 아이가 잘할 수도 있지만 그렇지 못한 경우도 많습니다. 아이는 가장 작고 안정적인 학급에서의 규칙을 통해 사회에서 역할에 적응하는 연습을 하게 됩니다.

　또한 담임 선생님은 아이가 정식으로 관계를 맺는 성인입니다. 선생님과의 관계에서 때때로 억울할 수 있고, 내가 말하고 싶은 것을 차마 말하지 못할 수 있습니다. 아이가 아무 생각 없이 그냥 선생님에게 한 이야기가 반 친구들을 난처하게 만들 수도 있지요. 아이는 성인인 선생님과 지속적인 관계를 유지하며 1년을 보내면서, 어떻게 나의 문제를 해결하고 의견을 전달하며 설득해야 하는지 배웁니다.

마지막으로 학교에서 다양한 또래를 만나고 친밀감과 소속감을 느끼며 때때로 적절한 갈등을 경험하게 됩니다. 만약에 초등학생인 아이가 부모와의 관계만 존재한다면 아이는 충분한 상황을 경험하고 배울 수 없습니다. 학부모들과의 상담 중 "아이가 집에서 보이는 모습과 학교에서의 모습이 너무 달라요."라고 말하는 부모들이 꽤 있습니다. 학교는 부모가 볼 수 없는 아이만의 생활이 있는 곳입니다. 아이가 학급 내에서 어떻게 친구를 사귀고 문제를 해결해 나가는지 담임 선생님만 관찰하고 개입할 수 있는 분명한 영역이 존재하는 것이지요.

앞의 세 가지가 부모의 역할과는 구분된 초등학교 선생님만의 역할이라는 것을 잘 기억해야 할 것입니다.

❖ **가정에서 부모만이 해 줄 수 있는 새로운 역할은 무엇인가요?**

부모만이 할 수 있는 상호 작용을 더욱 잘해 주어야 합니다. 아이에게 학교는 절대로 편안한 곳이 아닙니다. 어떤 아이에게는 하고 싶은 욕구를 참고 규칙을 지키기 위해 애써야 하는 곳이며, 또 다른 아이에게는 새로운 것에 계속 적응해야 하는 불안정한 곳일 수 있습니다. 그래서 먼저, 아이가 속한 가정이 안정적이고 부모와의 상호 작용이 더 편안해져야 합니다. 아이가 초등학교 가기 전까지는 어떻게든 아이와 잘 대화하기 위해 노력하던 부모님들도, 아이가 초등학생이 되면 예전만큼 아이와 함께하는 시간을 갖지 못하는 경우가 많습니다. 하지만 초등학생 시기, 부모와의 상호 작용은 그 어느 때보다 중요합니다. 아이가 이야기하고 싶어 할 때 잘 들어주는 것, 가능한 눈맞춤을 자주 하는 것, 대화가 아닌 시간을 함께 보내는 활동을 유지하는 것, 세 가지를 지속해야 합니다. 아이와 함께하는 시간을 갖지 못하는 경우가 아이의 이야기가 부모의 관심사와 다르고, 또 듣다 보면 부모가 가르치고, 하고 싶은 말이 많아지기 때문입니다. 초등학생이 되었다고 해도 아이는 아직 모든 것을 혼자서 알아서 하기는 힘든 단계입니다. 훈육만을 하려 든다면 부모와 자녀의 관계는 점점 불편하게 되고, 대화가 줄어들게 될 수밖에 없습니다.

일단 아이 스스로 상황을 해결하도록 기다려 주세요. 그다지 심각한 문제가 아닌데도 아이보다 부모가 미리 나서서 문제를 해결하려는 경우를 많이 봅니다. 그렇게 되면 아이가 사회에 적응하는 과정을 적절하게 경험하지 못하게 됩니다. 부모가 해야 하는 역할은 아이가 지금보다 조금 더 나은 행동과 문제 해결 방식을 선택할 수 있도록 돕는 것이지요.

상담을 할 때 종종 "아이가 친구들의 주장을 거절하지 못하는데 어떻게 하면 좋을까요?"라는 질문을 받곤 하는데, 그때마다 부모님들께 되묻곤 합니다. "혹시 아이가 가정에서 부모님의 말씀을 얼마나 편안하게 거절하나요?" 가정은 작은 사회입니다. 그리고 아이가 사회적인 문제 해결을 연습하기에 가장 좋은 연습 상대는 부모입니다. 왜냐하면 또래 친구와 다르게 아이가 예상할 수 있는 결과를 주기 때문이지요. 아이가 실제로 부모가 하는 거절, 선택, 공감, 사과 등을 사용하고 효과가 있다는 것을 경험해야 자연스럽게 활용할 수 있습니다. 부모와 함께 학교 친구들과의 상황을 이야기하면서 어떻게 대답하면서 거절하고 사과할지 등을 반복해서 연습해 본다면, 학교에서도 좀 더 자연스럽게 친구들에게 거절, 선택, 공감, 사과 등의 표현을 할 수 있을 것입니다.

또, 부모의 역할 가운데 중요한 것이 아이를 위로하고 격려하는 것입니다. 그런데 생각보다 많은 부모가 이 역할을 놓치고 있습니다. 성인인 부모도 실패나 좌절을 경험하면 회복의 시간이 필요합니다. 이때 누군가의 위로와 다정함을 받으면 더 빠르게 회복이 되지요. 회복되었기 때문에 그다음 단계로도 나아갈 수 있는 것이죠. 아이도 마찬가지입니다. 아무리 학교와 선생님이 세세하게 챙기기 위해 노력한다고 해도, 여러 아이가 함께하는 교실은 아이에게 정글과 같습니다. 처음 겪는 공식적인 사회 생활을 하는 학교에서 아이는 예상치 못했던 쓰고 매운 맛을 경험하게 되지요. 부모는 이렇게 상처받는 아이를 부모는 위로하고 격려해야 합니다. 정말 안 될 때는 엄마 아빠에게 갈 수 있다는 마지막 카드를 남겨 주어야 합니다. 그래야 아이는 부모의 존재를 바탕으로 더욱 잘 견디고 배워갈 수 있게 됩니다.

마지막으로 부모는 아이의 성장을 위해 선생님과 잘 협력해야 합니다. 초등학생이 된 만큼 아이도 많이 성장하여 가정보다 외부에서 보내는 시간이 더욱 많아졌기 때문에 부모가 이해하기 어려운 행동을 하기도 합니다. 그래서 담임 선생님과 잘 협력하는 관계를 맺어야 합니다. 1년 동안 학급의 운영 과정을 통해 부모가 선생님과 소통해야 하는 지점들을 놓치지 않으며 아이에게 필요한 정보를 잘 제공하는 것도 중요합니다.

부모와 선생님의 협력을 통해 자라는 아이

 아이는 신체뿐만 아니라 언어와 사고, 정서와 사회성까지 순서대로 차곡차곡 자라나지요. 그중 사회성은 아이를 둘러싼 환경과의 지속적인 상호 작용을 통해 성장하는 영역입니다. 아이는 때에 맞게 또래와 놀이하고 갈등하며 부모가 아닌 또 다른 어른인 선생님과 관계를 맺습니다. 아이는 내가 원하는 것을 누군가와 함께하기 위해 때로는 주장하고, 때로는 포기하기도 하면서 협력하는 방법을 배워가게 됩니다.

 아이가 사회성을 배우고 연습할 수 있는 가장 기본적인 환경은 가정입니다. 부모만이 할 수 있는 역할과 안정감은 다른 곳에서는 아이가 느낄 수 없는 부분이지요. 하지만 아이의 발달은 부모의 몫으로만 완성되는 것은 아닙니다. 특히 사회성 발달은 아이가 실제로 규칙과 조율, 협력을 경험하고 연습할 수 있는 다양한 상황과 대상이 필요합니다. 학교는 막 사회적인 존재로 발을 내딛는 아이들에게 이러한 경험을 주는 최적의 환경이며, 선생님은 부모를 제외하고 가장 가까운 자리에서 아이를 관찰하며 도움을 줄 수 있는 사람입니다. 그렇기에 부모와 선생님, 가정과 학교는 가능한 한 잘 협력할수록 좋습니다.

❖ 담임 선생님과의 협력을 통해 얻을 수 있는 것은 어떤 것들일까요?

❶ 아이의 행동에 대한 객관적인 단서를 줄 수 있습니다

내 아이만 양육하다 보면 또래 아동의 행동 특성과 발달 과정에 맞게 자라고 있는지 고민할 때가 많습니다. '너무 산만한 것은 아닐까?', '너무 걱정이 많고 소심한 것은 아닐까?', '친구들에게 너무 휘둘리는 것은 아닐까?', '다른 아이들에게 자기 의견을 강요하는 건 아닐까?' 등등. 부모는 아이의 행동에 대해 깊은 고민을 하게 되지요. 하지만 부모가 걱정하는 만큼 심각하지 않은 경우도 많습니다. 선생님은 부모가 볼 수 없는 아이의 또 다른 생활을 살펴보고 정보를 공유해 줄 수 있는 사람입니다. 그래서 선생님과의 공적인 소통을 통해 이러한 정보를 잘 파악해야 합니다.

❷ 아이의 기초 학습과 규칙을 훈련하도록 돕습니다

초등학교 때의 아이들은 100점을 맞는 것보다, 공부하는 방법을 잘 배우고 연습하는 것이 중요한 시기입니다. 선생님이 다수를 가르치는 형태의 수업은 초중고는 물론 대학 이후에도 계속 경험하게 되는 수업 방식입니다. 수업에 주의를 집중하고 기본적인 규칙을 지키며 행동을 적절하게 조절할 줄 아는 학습 태도는 아이의 사회정서 발달과도 연결됩니다. 학령기에 해야 하는 가장 중요한 과업을 해낸다는 것은 또래 관계에서 아이의 자신감과 관계 내에서의 문제 해결력과도 연결되기 때문입니다.

하지만 이런 통합적인 평가는 학교 환경에서만 경험할 수 있습니다. 학원이나 다른 외부 기관에서의 배움은 잠깐의 상호작용일 뿐만 아니라, 학습에 대해 아이가 경험하는 방향이 다릅니다. 아이의 학습과 사회성을 같은 맥락에서 동시에 파악할 수 있는 사람은 학교 선생님뿐입니다.

아이들을 상담하다 보면 학원에서는 진도를 따라가는 것처럼 보이지만, 아이의 기초학력이 부족하거나 학습 능력은 뛰어나지만 실제 상황에서 적용하고 활용하는 것이 어려운 아이들이 있습니다. 학원 등에서는 미처 다 파악할 수 없는 부분을 선생님은 종합적으로 파악하고 있는 경우가 많습니다. 그래서 선생님과의 소통이 매우 중요하다고 볼 수 있습니다.

❸ 또래 관계와 사회성 발달을 가장 직접적으로 도와줄 수 있습니다

부모가 직접 해결하기 가장 난감한 영역이 또래끼리의 관계 문제입니다. 아이에게 친구는 그 중요도가 점점 커지는 영역인데, 아이들 사이에 발생하는 예측 불가능한 다양한 문제를 부모가 다 파악하고 접근하기란 쉽지 않기 때문이지요. 게다가 내 아이만의 문제가 아니라 여러 아이가 함께 얽혀 있는 경우가 많다 보니, 부모가 일방적으로 해결하는 것이 오히려 문제를 키우는 일도 많습니다. 저 역시 청소년 상담사로 일하면서 여러 아이의 고민을 들었지만, 매번 가장 어렵게 느껴졌던 고민이 또래 관계 문제에 대한 부분이었습니다.

또래 친구들 사이에서 처한 상황에 대해 부모가 아이와의 짧은 대화만으로 모든 상황을 파악하는 것에는 한계가 있습니다. 또 아이가 평소 또래 관계에서 어떤 행동을 하는지까지 상황을 알려면 많은 시간과 노력이 필요하지요.

예를 들어 남자아이들은 초등학교 저학년 때부터 욕을 많이 배우고 사용합니다. 나름대로 자신이 또래 무리와 잘 어울리기 위해서, 또 다른 남자아이들보다 약하지 않음을 보이기 위해 욕을 많이 사용하기도 하지요. 하지만 같은 반 엄마들끼리의 모임에서 반 아이들끼리 요즘 학교에서 심한 욕을 많이 사용한다고 이야기를 꺼내면, '우리 애는 절대 그런 말 안 쓴다, 욕하는 걸 본 적이 없다.', '우리 애같이 착한 애가 그럴 리 없다. 다른 애들한테 우리 애가 안 좋은 영향을 받아서 그런 것 아니냐?'라는 반응을 보입니다. 그러나 특히 저학년 아이들은 욕의 뜻을 알지 못하고 그냥 또래끼리의 공용어 같은 느낌으로 욕을 많이 사용하기도 합니다. 집에서는 엄마의 눈치가 보이기도 하고 자주 쓰지 않기에 부모는 이 상황을 잘 모를 수도 있습니다. 하지만 아이가 아주 심한 욕을 쓰면서 그걸 재미있어하고, 욕을 못하는 친구들보다 앞서간다고 생각할 수도 있습니다.

이럴 때 '아이의 또래 관계를 가장 생생하게 파악할 수 있고, 내 아이의 주변 친구들의 특성도 알고 있으며, 적절하게 개입할 수 있는 사람은 선생님이라는 것을 인정하고 아이의 행동을 자세히 관찰해야 합니다. 선생님은 다양한 개성을 가진 아이들을 가르쳐 보았고, 또 내 아이의 또래 관계에 대해 파악할 수 있습니다. 욕을 함부로 하는 것을 비롯한 아이의 잘못된 행동을 어떻게 하면 바로 잡을 수 있는지 조언해 줄 수 있습니다. 또한 부모에게도 아이의 학교생활 상황을 객관적으로 알려 주어서 아이의 문제를 해결하도록 도울 수 있는 중요한 사람이지요.

❹ 아이의 문제에 관한 조언에 귀 기울여야 합니다.

부모로서는 담임 선생님과의 대화가 부담스럽고 긴장된다는 말을 종종 듣곤 합니다. 특히 부모는 아이에 대해 부정적인 이야기를 듣게 될까 봐 두려움을 느낍니다. 특히 선생님으로부터 상담이나 검사, 치료 등에 관한 제안을 받게 되면, 부모로서 먼저 불쾌한 마음이 앞서기도 합니다. 하지만 담임 선생님은 특히 같은 또래의 아이들을 동시에 보는 교육전문가이기에 아이 한 명이 가진 개별적 특성을 더욱 민감하게 알아차리는 경우가 많습니다. 또한 치료나 상담, 검사들에 관한 이야기를 할 때 선생님은 아이를 여러 번 관찰하고 고민하고 나서 조심스럽게 부모에게 이야기를 꺼냈을 겁니다. 물론 선생님의 이야기라고 해서 100퍼센트 맞는 것은 아닙니다. 평소 아이와 많은 시간을 보내며 종합적인 상황에서 아이를 지속적으로 관찰한 선생님이 제안하는 내용인 만큼, 일단 관련된 검사나 전문가와 상담해 그 결과 심각하지 않더라도 아이에게 어떤 문제가 있다면 빠르고 상담이나 치료 등을 통해, 아이의 자신감과 또래 관계에 미치는 부정적인 영향을 최소화할 수 있기 때문에 매우 중요하지요.

예를 들어 선생님이 부모에게 아이의 ADHD 검사를 권하는 경우가 있습니다. 학교에서 친구들과 잘 지내고, 긍정적으로 수업에 참여하지만 아이 스스로 행동 조절에 문제가 있어 보인다면서요. 충동적으로 행동해서 수업 분위기를 망치거나 친구들을 불편하게 하고 있다고 말이지요. 이런 이야기를 들으면 어떤 부모는 충격을 받고 화를 내기도 합니다. 아직 어리고 활발한 남자아이니까 그럴 수도 있는 걸 ADHD라고 몰아붙인다고 화를 냅니다. 선생님이 학교에서 제대로 아이를 가르치지 못하니까 그렇게 부정적인 꼬리표를 붙이는 게 아니냐고 말이지요. 그 선생님은 분명 수업 시간 중 아이의 평소 행동을 주의 깊게 살펴보고, 친구들과의 관계가 어떤지 관찰한 뒤, 어렵게 부모에게 얘기를 꺼냈을 것입니다. 검사 결과가 ADHD로 나오든 아니든, 일단은 그만큼 아이에게 신경을 쓰고, 아이가 염려되어 부모가 불편하게 여길지도 모를 이야기를 해준 담임 선생님에게 오히려 감사의 인사를 드려야 합니다. 실제로 ADHD로 판정이 된다면 부모로서 받아들이기 힘들겠지만, 가능한 한 빠르게 치료를 시작해야 할 것입니다. 치료 과정에서 담임 선생님과는 꾸준히 연락하며 아이의 학교생활에 대한 관찰을 부탁드려야 할 것입니다.

ADHD가 아니라고 해도, 의외로 부모가 잘 모를 수 있는 청력이나 시력의 문제, 운동할 때 겪는 신체적인 어려움, 대인관계의 어려움, 외모에 대한 콤플렉스, 난독증 등에 대한 선생님의 의견에 화를 내며 거부감을 갖기보다는 아이의 성장을 체크해 볼 수 있는 조언으로 여겨야 할 것입니다.

· 2장 ·

아이의 사회성 발달, 선생님과 이렇게 협력하세요

1년 동안
선생님과 만나기

　초등학교 시기는 아이에게 사회성 발달을 포함한 전반적인 성장에 있어 매우 중요한 시기임을 배웠습니다. 부모의 역할은 여전히 중요하지만, 아이의 성장에 따라 새로운 역할이 추가되었지요. 그런 만큼 부모가 선생님과 잘 협력하고 아이의 정보를 잘 공유하고 받는 것이 중요합니다. 하지만 아이의 학교 선생님과 잘 소통한다는 것이 생각보다 쉬운 일은 아닙니다.

　우선 초등 담임 선생님이 학급을 운영하고 모든 수업을 진행하면서 학급의 아이들을 한 명 한 명 챙기는 것은 한계가 있습니다. 그래서 알림장과 주간 학습표라는 제한적인 정보를 통해 학교생활이 어떻게 진행되는지, 교실 내에서 상황이 어떠한지를 간접적으로 파악할 수밖에 없습니다. 소통 애플리케이션 등을 통해 선생님과 대화를 나눌 수는 있지만, 아주 중요한 것이 아니면 선뜻 먼저 연락하기가 쉽지 않습니다.

담임 선생님과 소통할 수 있는 기회도 한정되어 있기에 주어진 기회를 놓치지 말고 잘 활용해야 합니다. 하지만 부모들 대다수가 선생님과 소통할 수 있는 기회를 잘 활용하지 못하는 경우가 많습니다. 또한 막상 소통하는 상황이 되어도 무엇을, 어떻게 그리고 얼마나, 어떤 내용을 논의해야 하며 아이에 대해 무엇을 물어봐야 할지 부담만 느끼기도 합니다.

아이의 학교생활 1년을 기준으로 다음과 같이 몇 번의 공식적인 소통 기회가 있습니다.

담임 선생님과의 공식적인 소통 기회

학년초	1학기	2학기	상시
• 아이에 대해 작성하는 서류	• 첫 학부모 상담 • 학부모 참관 수업	• 학부모 참관 수업 • 2학기 학부모 상담	학교생활 중 문제를 제기해야 하는 특별한 상황

이런 공식적인 기회를 통해 아이에 대해 더 많은 정보를 얻을 수 있고, 선생님에게 필요한 도움을 요청할 수 있습니다. 각각의 상황에서 선생님에게 어떤 이야기를 하고 또 질문해야

하는지, 아이의 문제를 어떻게 해결할 수 있을지 살펴보겠습니다. 아이의 학습과 전반적인 사회성의 발달을 돕는데, 적극 활용하시길 권합니다.

협력 ❶

새 학년 새 학기,
아이를 잘 소개해 주세요

　선생님과의 첫 협력은 학년초 작성해야 하는 문서부터 시작합니다. 선생님이 직접 항목을 적어 만든 프린트를 나눠 주는 경우도 있고, 몇 개의 제목만 뽑아, 관련된 내용을 써넣어 달라고 하는 경우도 있습니다. 아이에 대한 기본정보와 더불어 아이의 특성, 선생님이 알아두면 좋을 내용을 글로 작성하여 공유하는 첫 단계입니다. 어떤 부모는 매년 학년초마다 쓰는 문서이기에 적당히 대충 작성해서 보내는 경우도 있습니다. 하지만 대부분은 어디까지 어떻게 작성해 공유하면 좋을지 고민이 큽니다. 특히 아이 특성에 대해 작성하는 부분은 어디까지 작성해야 하는지, 무엇을 작성해야 하는지 막막합니다. 너무 간단하게 쓰거나 '특이 사항 없음' 정도로 작성하자니 너무 무심한가 싶고, 그렇다고 너무 많이 쓰자니 극성스러운 부모로 보이거나 과보호하는 부모로 보일까 염려될 수 있습니다.

분명한 것은 이 첫 문서가 부모와 선생님이 협력하는 첫 번째 단계라는 점입니다. 첫단추를 잘 끼우는 것이 중요한 만큼, 우선 부모가 꼭 기억해야 할 점이 있습니다. 바로 부모가 아이 특성에 대해 작성하는 것은 담임 선생님이 아이를 지도할 때 참고 자료로 활용됩니다. 이 자료를 바탕으로 항상 내 아이의 모든 특성을 고려하여 맞춤형으로 돌봐 주기를 기대해서는 안 된다는 것입니다.

초등학교에 방문해 상담 수업을 진행하다 보면 한 교실 안에 같은 나이의 아이들이 모여 있다 해도 제각각 다른 특성을 가지고 있음을 확연하게 느낍니다. 어떤 아이는 새로운 환경에 적응할 때 움츠러들고 긴장이 높아지고, 어떤 아이는 오히려 행동이 과하고 부산스러운 모습을 보입니다. 수업 중 발표에 대한 반응도 각기 다릅니다. 생각해 보지도 않고 손부터 번쩍 드는 아이도 있고, 글이나 그림으로 표현하게 하면 훨씬 풍성한 생각을 표현하지만, 말이나 글로 표현하는 데는 시간이 오래 걸리는 아이들도 있지요.

담임 선생님은 2~30명이 되는 반 아이들이 최대한 빠르게 규칙에 적응하고 배움으로 들어갈 수 있도록 도와야 하지요.

그래서 부모님이 제공하는 아이에 대한 정보는, 담임 선생님이 학급을 이끌어 가는데 큰 도움이 됩니다.

❖ 소개문을 어떻게 작성하나요?

❶ 최대한 담백하게! 사실 중심으로만 써 주세요

간혹 아이에 대한 부모님의 경험과 감정을 일일이 나열해 문서를 길게 작성하는 경우가 있습니다. 하지만 문서는 아이가 학교생활에 잘 적응하는데 선생님이 적절한 도움을 주도록 하기 위함입니다. 그러니 사실 중심으로만 담백하게 적는 것이 좋습니다. 이 과정에서 부모님의 감정이 들어가는 표현, '속상하지만', '아쉽지만', '화가 나게 만들지만' 등은 되도록이면 쓰지 않아야 합니다. 아이가 새로운 환경에 적응할 때 징징거리고 불안을 호소하는 행동을 자주 한다면, '새로운 환경에 적응할 때까지 시간이 좀 더 필요한 편이고 가정에서는 이렇게 돕고 있다.' 정도로 적으면 됩니다. 즉 새로운 환경에 적응하기 위해 힘들어하는 아이를 보며 속상하거나 고민이 되는 부모의 감정은 최대한 배제하고 정보 위주로만 작성하는 것이지요.

❷ 문장은 너무 길지 않게! 4~5문장 정도면 충분해요

간혹 담임 선생님이 보내준 양식에 별도로 2~3장을 첨부하면서까지 아이의 특성을 자세히 적어 보내시는 부모도 있습니다. 담임 선생님은 새 학기에 학급 아이들에 대한 모든 문서를 읽어야 하므로 글이 너무 많으면 부담이 될 수밖에 없지요. 그래서 너무 장황하게 아이의 성장 일대기를 담기보다는 최근 1년 이내의 특성을 중심으로 핵심적인 부분만 적으면 됩니다. 아이가 직전 학년까지 외국에서 학교에 다녔기 때문에 한국말이 서툴거나 적응이 안 되는 문화가 있다는 것은 담임 선생님이 미리 알면 좋은 정보입니다.

하지만 특별한 경우가 아닌데 아이가 어떤 유치원을 다녔고, 유아기에는 어떠했는지 등의 정보를 전부 적을 필요는 없겠지요. 아이의 특성을 중심으로 4~5문장 정도 이내로 작성하는 것이 가장 효과적입니다. 또한 가독성을 고려하여 숫자로 ①②③을 표기하거나 아이의 적응, 아이가 좋아하는 활동, 스트레스 반응 등으로 소제목을 적고 간단하게 세부 내용을 적는 것도 좋습니다.

❸ 아이에 대해 걱정되는 내용을 작성해야 한다면?

아이의 장점이나 특성을 소개하고 공유하는 것은 어렵지 않습니다. 그보다는 '문제'라고 느껴지는 부분이나 학교생활에 영향을 줄 것 같은 '단점'에 대해 공유해야 하는 상황이 어렵습니다. 선생님이 오히려 아이에 대해 편견을 갖게 되는 것은 아닐까 싶어 부모로서 고민이 되지요.

첫째, 부정적인 단어를 직접적으로 사용하기보다는 상황 중심으로 설명하는 것이 좋습니다. '아이가 소심합니다.'라는 표현보다는 '새로운 것을 해야 할 때 주저합니다.'라고 아이 행동과 상황 중심으로 표현하는 것이지요.

둘째, 아이의 단점을 장점과 연결하여 작성합니다. 예를 들어 아이가 새로운 환경에 대한 두려움이 많은 아이라면 '저희 아이는 새로운 환경에 대한 걱정과 불안이 높습니다.'라고 작성하기보다는 '저희 아이는 새로운 환경에 대한 두려움이 높은 편이라 적응까지 시간이 좀 걸리지만, 한 번 적응하고 나면 규칙을 잘 지키는 편입니다.'라고 표현할 수 있습니다.

셋째, 염려되는 부분과 효과적인 방법을 연결하여 작성합니다.

저희 아이는 새로운 환경에 대한 두려움이 높아 적응에 시간이 오래 걸립니다. 하지만 '두려울 수 있어, 준비되면 이야기해 줘.'라고 시간을 주면 금방 따라오는 편입니다.

이런 표현법은 담임 선생님이 '아, 부모님이 아이의 특성을 잘 알고 부모님이 적절한 반응을 하기 위해 노력하고 계시는구나.'라고 생각하도록 만드는 데도 유용하지요.

더불어 아이가 상담이나 심리치료를 받고 있다면, 이 부분을 미리 선생님에게 공유해야 하는지 고민하는 부모가 있습니다. 원칙적으로는 공유하는 것이 좋은 선택이라 말씀드립니다. 아이가 전문가의 도움을 받는 상황이라는 것에 오히려 담임 선생님도 안정감을 느낄 수 있는 부분이니까요. 학년 초에 사전 정보 없이 ADHD나, 틱이 있는 아이의 증상을 수업 중 갑자기 보게 된다면 담임 선생님으로서 당황할 수밖에 없기 때문입니다.

하지만 부모로서는 아이에 대한 선입견을 심어주게 될까 봐 먼저 공유하기 꺼려질 수 있지요. 아이 상담이나 심리치료에 대한 공유하는 것이 부담된다면 문서에 써 보내지 않고, 학기 초의 '학부모 상담'에서 대화를 통해 공유하는 것도 괜찮습니다.

✣ **어떤 내용을 중심으로 작성해야 할까요?**

형식과 방법을 알았다면 이제 아이의 초기 학교생활 적응과 또래 관계에서 사회성 발달을 돕기 위한 핵심적인 주제 몇 가지를 추천합니다. 이 내용에 딱 맞추어 작성하지 않더라도, 적절히 선택하여 작성하면 담임 선생님이 아이를 파악하고 필요한 도움을 주는 유용한 정보가 됩니다.

새 학년 아이에 대한 서류 내용

- 낯선 환경에서의 적응행동 및 속도
- 또래 관계 및 사회성 정도
- 아이의 장점 및 관심사
- 건강 정보

❶ 낯선 변화에서의 적응행동 및 속도

아이가 낯선 상황과 환경에서 적응하는 속도가 어떠하고, 적응 단계에서 어떤 행동을 보이는 지를 담임 선생님과 공유하는 것은 아이의 학교생활을 돕는 아주 중요한 정보가 됩니다.

아이들은 저마다 타고난 기질적인 특성이 있습니다. 똑같은 새 학기, 새로운 친구들, 새로운 선생님과 교실 환경이라 해도 아이의 기질에 따라 적응의 정도가 다르지요. 어떤 아이에게는 낯선 이 상황이 호기심을 자극하여 흥분될 수 있습니다. 이 자극의 영향으로 평소보다 더 부산스럽고 산만하며 자신의 행동을 잘 조절하지 못합니다. 반대로 불안과 두려움이 많은 아이에게 새로운 변화는 많은 걱정을 가져옵니다. 학교 가기 전에 울거나 심지어 학교생활 중 울먹이는 모습을 보일 수도 있습니다. 또한 새로운 자극과 환경에 대해 차분히 파악하는 시간을 오래 갖는 아이도 있습니다. 너무 반응이 너무 느린 것 같아 급히 몰아붙이면 아이는 아무것도 하지 않으려고 할 수 있습니다. 따라서 선생님에게 아이가 낯선 자극과 환경에 대해 보통 어떤 적응패턴을 보이는지, 속도가 어떠하며 어떤 도움을 가정에서 주고 있는지 설명하는 것을 추천합니다.

💬 이런 표현을 사용해 보세요

"아이는 새로운 환경에 대해 적극적인 편이지만 다소 들뜨고 부산스러운 모습을 보이기도 해요."

"새로운 환경에 적응할 때 호기심이 많아서 주의집중이 잘 안될 때가 많습니다. 규칙을 반복하여 여러 번 말해 주고 있습니다."

"아이는 새로운 환경에 대한 탐색을 오래 하는 편입니다. 초기에는 다소 수동적이거나 얌전한 것처럼 보이기도 합니다."

"아이는 새로운 변화에 대한 불안과 두려움이 높습니다. 그래서 울먹이거나 당황하는 모습을 보이기도 합니다. 적응되고 나면 규칙을 잘 지키고 신중히 행동합니다."

❷ 또래 관계 및 사회성 정도

아이가 새로운 자극과 환경에 대해 보이는 행동과 또래 관계에서의 행동 특성이 반드시 일치되는 것은 아닙니다. 변화에 대한 불안과 두려움이 많은 아이지만, 사람에 대한 친밀감이나 인정욕구는 높을 수 있고, 새로운 환경에 대한 호기심은 많지만, 친구에 대해 관심을 가지거나 친밀하기 위한 시도는 적을 수 있지요. 그래서 아이가 또래 관계에서 보이는 행동 특성에 대해서는 별도로 작성하는 것을 추천합니다. 물론 부모가 생각한 것과 전혀 다른 경우도 종종 발생하지요. 초기에 작성한 내용을 바탕으로 선생님과 상담할 때 아이의 실제 학교생활 중 또래 관계에서 나타나는 모습과 비교할 수 있기에 매우 유용합니다. 아이가 또래에게 관심이 많은 편인지, 적극적으로 다가가는 편인지 기다리는 편인지, 한두 명의 친구들과 친하게 지내는 것을 선호하는 편인지 그리고 낯선 또래 관계에서 자신의 의견을 표현하는 정도는 어떠한지 등의 정보를 간단히 담아 작성해 주세요.

이런 표현을 사용해 보세요

"아이는 친구들에게 관심은 많지만 먼저 말을 걸기 어려워하곤 합니다."

"친구를 굉장히 좋아하는데, 그래서 자기 의견을 잘 표현하지 않는 경우가 종종 있습니다."

"정해진 친구들하고만 놀이하려고 하는 모습이 종종 있어서 좀 더 다양한 친구들과 어울릴 수 있도록 노력하고 있습니다."

"친구들보다는 자기가 하고 싶은 활동에만 몰두하는 편이라, 아이가 또래와 어울리는 것에 관심을 가지도록 돕고 있습니다."

"친구들과 잘 지내지만, 남자 친구들이 거칠게 말하거나 신체적으로 부딪히는 것을 무서워합니다."

❸ 부모가 파악한 아이의 관심사와 장점

선생님이 보는 아이의 모습과 부모가 보는 아이의 모습이 다른 경우가 많이 있습니다. 부모는 아이의 일상에서의 일반적인 특성과 행동을, 선생님은 학교에서의 사회적 상호 작용을 더 많이 볼 수 있죠. 부모가 파악한 아이에 대한 정보를 선생님에게 공유하는 것은, 추후 학교생활에서 선생님이 아이의 특성을 좀 더 파악하고 학부모 상담 등을 통해 아이가 보이는 다양한 행동 특성을 서로 공유하는 것에 도움이 됩니다. 또한 아이의 장점을 반드시 포함하여 작성하는 것이 중요합니다. 부모가 선생님에게 제출하는 문서는 참고 자료이기도 하지만, 동시에 선생님으로서는 아이의 이름과 특성을 연결하는 첫 순간이기도 합니다. 객관적인 정보와 함께 아이의 장점을 포함하여 작성하면 아이를 바라보는 선생님의 첫인상에 긍정적인 영향을 줄 수 있기 때문입니다.

💬 이런 표현을 사용해 보세요

"아이는 자주 그림을 그리는 편이고, 그림으로 자신의 느낌을 표현하는 것을 좋아합니다."

"아이는 한번 시작한 것은 다른 친구들보다 더 잘 해내려는 특성이 있습니다."

"아이는 역사에 관심이 많고 자신이 알고 있는 것에 관해 설명하는 것을 좋아합니다."

"아이가 운동을 즐겨하는 편입니다."

"아이는 최근까지 가장 좋아하는 과목을 수학이라고 했으며, 집에서도 스스로 곧잘 하는 편입니다."

❹ 아이의 건강 관련 정보

아이의 건강과 관련된 중요한 문제가 있다면 선생님이 알 수 있도록 강조하여 작성하는 것이 필요합니다. 알레르기나 면역력, 또는 장애나 질병 관련 부분입니다. 알레르기와 관련된 부분은 일차적으로 가정에서 아이가 자신에게 적절하지 않은 음식을 인지하고 구분하여 섭취하지 않도록 도와 주고 급식 계획표를 통해 관리해 주는 것이 가장 바람직합니다. 건강과 관련한 민감한 부분이므로 반드시 공유해 주세요.

또한 아이가 미세한 청력장애를 갖고 있거나, 시력이 안 좋을 수 있습니다. 간혹 이런 부분을 선생님에게 설명하지 않는 경우가 있는데, 그렇게 되면 선생님은 아이가 자꾸 못 듣거나 말을 듣지 않는 것으로 오해할 수 있기 때문에 반드시 사전에 공유하는 것이 좋습니다. 더불어 알레르기나 신체 질병이라고까지 할 수는 없지만, 감각적으로 민감한 아이들이 있습니다. 다른 아이들과 함께 수업하는 상황이라 모든 것이 고려될 수는 없지만, 특별히 걱정되는 부분이 있다면 참고할 수 있도록 공유하는 것을 추천합니다.

이런 표현을 사용해 보세요

"아이가 ○○과 관련한 알레르기를 가지고 있습니다. 스스로 구분하여 섭취하지 않도록 지도하고 있고 급식표를 확인하고 있으나 선생님이 알고 계시면 좋을 것 같아서 공유합니다."

"아이가 오른쪽 귀가 왼쪽보다 청력이 약해 잘 안 들립니다. 보조기구를 통해 도움을 받고 있지만 참고 부탁드립니다."

"아이가 청각이 유독 민감해서 큰 소리를 힘들어할 때가 많습니다. 학교에서 다 고려하기는 어렵겠지만 아이의 특성 중 하나로 공유합니다."

"아이가 체육 시간을 좋아하지만, 발이 평발에 가까워 달리기처럼 뛰는 활동은 힘들어합니다."

협력 ❷

첫 학부모 상담,
이렇게 준비하세요

선생님과의 학기 초 첫 학부모 상담은 부모에게 부담과 긴장을 느끼게 합니다. 선생님을 뵙고 이것저것 아이의 학교생활에 관해 묻고 싶은 마음도 있지만 막상 일대일로 마주하면 어떤 이야기를 해야 할지 막막하고 어색하기만 합니다. 또한 혹시라도 아이에 관해 좋지 않은 이야기를 듣게 되는 것은 아닐지 괜한 긴장도 되고 부모가 성적표를 받는 것 같은 묘한 느낌도 들지요. 그래서 간혹 학부모 상담을 아예 하지 않고 넘기거나 전화 통화로 대신하는 경우가 있습니다.

하지만 가능하다면 첫 상담만큼은 한 번 정도 아이의 학교를 방문해 선생님을 직접 만나보기를 권합니다. 어린이집, 유치원 때와 초등학교의 다른 점은 무척 많지만, 그중에서도 가장 두드러지는 것은 바로 부모와 선생님의 관계라고 생각합니다. 이전에는 선생님이 개별적으로 아이의 상태와 진행된 교육에 대해 하나하나 공유해 주었다면, 초등학교는 큰일이 없는 이상 선생님과 따로 만나고 이야기 나눌 기회가 거의 없기 때문이지요. 그래서 공식적으로 열려 있는 소통의 기회를 놓치지 않는 것이 중요합니다. 혹시 직접 만나기 어렵다면 사전에 시간을 협의하고 전화 통화를 해서라도 선생님과 소통해 보세요.

✢ 어떤 이야기를 나눌까요?

❶ 아이의 전반적인 학교생활에 관해 물어보세요

초등학교 아이의 학교생활에 대해 부모가 미리 알고 있는 부분이 적습니다. 주간 계획표, 학교생활 애플리케이션, 아이의 이야기 등을 통해서 대충 짐작할 뿐이지요. 그나마 아이가 이런저런 시시콜콜한 이야기를 잘하는 편이라면 학교생활을 좀 더 구체적으로 파악해 볼 수 있지만, 아이들은 대부분 낮에 있었던 일을 잘 기억하지 못합니다. 특히 부모가 맞벌이하거나 귀가하는 시간이 늦어 저녁 늦게 아이와 대화를 하게 되면 아이가 부오에게 말하고 싶었던 학교 이야기가 있었더라도 거의 사라지고 맙니다. 그래서 선생님과의 공식적인 면담은 아이의 학교생활이 전반적으로 어떠한지 파악할 수 있는 좋은 기회입니다. 학교생활 전반에서 아이가 어떻게 지내고 있는지 질문하고 선생님이 인상 깊게 기억해 이야기하는 부분을 들으며 아이가 가정과 학교에서 어떤 차이와 공통점을 보이는지 파악해 부분에 대해 물어보세요.

> ### 이런 표현을 사용해 보세요
>
> "아이가 학교생활에 대해서는 재미있다고 표현해요. 하지만 그 이상 자세히 이야기하지는 않아서 궁금해요."
>
> "아이가 등교하는 걸 힘들어 해요. 아침에 일어나는 것을 힘들어 하는 것인지, 아니면 학교에서 아직 적응하는 게 낯설고 어려운 부분이 있는지 궁금했어요."
>
> "아이가 학교에서 보이는 모습이 어떠한지 궁금해요. 특별히 주의해야 할 부분이나 잘하고 있는 부분이 있나요?"
>
> "아이가 학교에서 가장 좋아하는 수업이나 활동이 무엇인지 알 수 있을까요?"

❷ 아이의 또래 관계에 대해 알아보세요

초등학교 때는 아이의 관심이 자신과 가족에게서 또래와

사회로 옮겨가는 매우 중요한 시기입니다. 하지만 높은 관심과 의욕과는 달리 아이가 보이는 모습은 여러 가지 측면에서 미숙할 수밖에 없지요. 다만 부모는 그 어느 때보다 답답하게 느껴질 수 있습니다. 유아기 때와 달리 아이의 또래 관계를 제대로 파악하기가 어렵고 아이가 말하는 친구가 누구인지 확인할 방법이 마땅치 않기 때문이지요.

게다가 친구들 사이에서 발생한 일을 아이 입장에 대해 듣기만 하기에는 불안하고 걱정되는 부분이 한두 가지가 아닙니다. 아이의 미숙한 대처방식이 좋지 않은 상황을 가져오지는 않을까, 아이가 미움 받지는 않을까 불안하지요. 그래서 선생님과의 대화를 통해 학교라는 공간 안에서 아이가 어떻게 또래와 지내고 있는지, 확인해 볼 필요가 있습니다.

💬 이런 표현을 사용해 보세요

"아이가 다른 친구들과 두루 잘 지내는 편인지, 특별히 몇 명 친한 친구들과 어울리는 편인지 궁금합니다."

"혹시 아이와 불편한 관계에 있거나 자주 싸우는 친구가 있을까요?"

"아이가 또래 관계에서 의견을 잘 이야기하고, 친구끼리의 문제를 해결하는지 궁금합니다."

"아이가 반에서 가장 가깝게 지내는 친구의 이름은 무엇일까요?"

"제가 아이의 또래 관계나 사회성을 위해 좀 더 신경 써야 하는 부분이 있을까요?"

❸ 아이의 수업 참여도, 과제 수행 등에 대해 알아보세요

학부모 상담을 통해 부모는 학습의 다양한 형태에 따라 아이가 어떻게 반응하고 집중하는지 알아볼 수 있습니다. 학교 교과과정은 단순히 앉아서 수업을 듣는 것만 아니라 발표하기, 모둠 활동하기 등의 다양한 수업 형태에 골고루 적응하도록 구성되어 있습니다. 그래서 개인 과제가 아닌 협동 상황에서 사회성이 어떠한지 더욱 자세히 알 수 있습니다. 게다가 초등학교에서는 담임 선생님이 대부분의 과목을 직접 가르치기에 아이가 과목에 따라 이해에 차이가 있는지, 선호도는 어떠한지 종합적으로 파악할 수 있는 체계이지요. 그래서 선생님과의 대화를 통해 부모는 아이의 전반적인 수업 태도는 어떠한지, 아이의 수업 참여도와 이해도, 좋아하는 과목과 싫어하는 과목에서 태도의 차이가 큰지, 발표나 모둠활동에서의 모습은 어떠한지 등을 물어보면서 아이에 대한 전반적인 이해를 할 수 있게 됩니다. 가정에서 무엇을 연습시키고 어떻게 보완

할 수 있을지 의견을 요청하는 것도 아이 기초 학습 발달에 큰 도움이 됩니다.

💬 이런 표현을 사용해 보세요

"아이가 모둠활동에서 친구들과 잘 협력하며 적극적인 태도를 보이나요?"

"제가 가정에서 관찰했을 때는 글씨 쓰기를 너무 싫어하는데 학교에서도 그런지요? 제가 도울 방법이 있을지 궁금합니다."

"아이가 수줍음이 많은데 발표수업에 잘 참여하나요? 어떤 도움을 주면 좋을까요?"

"집에서는 숙제 외에 별도로 학습하거나 하는 부분은 많지 않아요. 제가 집에서 아이의 학습을 지원하려면 어떤 부분을 중점적으로 도와주면 좋을까요?"

❹ 건강 및 특별한 상황이 있다면 공유하세요

아이가 새롭게 경험하는 것이나 환경에서 발생한 변화, 건강상의 문제는 부모가 생각하는 것보다 아이의 학교생활 행동에 많은 영향을 미칠 수 있어요. 선생님은 아이의 갑작스러운 집중력 부족이나 정서 상태 변화의 원인이 무엇일까 궁금하지만, 쉽게 가정에 물어보지 못하는 경우도 많지요. 그래서 학부모 상담을 통해 이러한 부분이 공유되면, 선생님이 아이의 행동을 이해하고 적절한 도움과 지지를 주는 것에 도움이 됩니다. 예를 들어 아이의 신체나 마음의 건강 상태(예: 알레르기, 질병, 강아지의 죽음으로 인한 슬픔) 또는 가족의 변화(예: 아빠의 장기 출장으로 갑자기 떨어진 상황, 엄마 직장생활에서의 큰 변화, 조부모님의 별세, 이사 등)가 이러한 정보에 해당합니다.

이런 표현을 사용해 보세요

"새로운 동네에서 입학한 새로운 학교이기에 적응이 좀 어려울 수 있을 것 같아요. 이사를 온 지 얼마 되지 않았거든요"

"최근에 아이의 할머니가 별세하셔서 아이가 힘들어하고 있어요. 혹시 특별히 문제가 되는 부분이 관찰되면 알려 주세요."

"아이가 요즘 아토피가 심해져서 밤에 잠을 제대로 못 자고 있어요. 학교생활에 영향이 큰지 궁금해요."

"아빠가 갑자기 몇 달간 해외로 출장을 가게 되었어요. 아이가 아빠랑 이렇게 오래 떨어지는 것은 처음이라 많이 힘들어하는 것 같아요."

❖ 어떻게 대화를 나누면 좋을까요?

학부모 상담으로 선생님과 대화를 나누다 보면 아무래도 아이가 잘하는 부분보다는 아이에 대한 염려나 걱정, 단점 등에 대해 더 많이 이야기하게 됩니다. 이럴 때 부모는 아이의 다소 부정적인 부분에 대해 선생님에게 솔직하게 이야기해도 될지 고민하게 됩니다. 물론 아이에 대해 솔직하게 이야기하면 얻을 수 있는 장점도 있습니다. 선생님은 많은 학생을 가르치면서 얻은 다양한 경험이 있기에, 부모의 걱정에 대한 조언이나 해결 방안을 제시해 줄 수도 있지요. 또한 아이의 상황을 미처 몰라서 선생님이 오해하거나 걱정했던 부분에 대해 이해가 높아질 수 있습니다. 하지만 부모님의 걱정이나 부정적인 생각이 대화의 주요 주제가 되면, 아이의 긍정적인 점이나 발전 가능성에 대한 논의가 뒷전이 될 수 있다는 단점도 존재합니다. 그러니 우선은 선생님이 아이에 대해 이야기하는 것을 먼저 듣고, 부모의 염려와 아이의 단점을 이야기할 때는 선생님의 조언을 구하고 아이의 강점과 발전 가능성을 함께 이야기하는 전략이 필요합니다.

아이의 부정적인 부분에 대한 학부모 상담 전략

전략	부적절한 표현	적절한 표현
아이의 단점을 너무 부정적으로만 표현하지 마세요.	"우리 아이가 수학을 정말 못해요. 진짜 문제가 많아요."	"우리 아이가 수학에서 어려움을 느끼는 부분이 있어요. 특히, 연산 문제를 잘 틀리는 것 같아요."
가정에서 하는 노력과 아이의 진전을 함께 이야기하세요	"우리 아이는 공부만 하자고 하면 산만한 행동을 해요."	"아이가 학습에 집중하기 어려워합니다. 문제가 있긴 하지만, 집에서 많이 노력하고 있어요. 학교에서는 어떤 모습인지 궁금합니다."
도움과 조언을 구하는 방식으로 부탁하세요	"우리 아이가 숙제하는 데 시간이 오래 걸려서 끝까지 다 못해요."	"아이가 밤늦게까지 숙제를 끝내지 못해요. 옆에서 보기엔 숙제를 더 완벽하게 하려다 보니 자꾸 시간이 오래 걸립니다. 부모가 어떻게 도와줄 수 있을까요?"
	"왜 우리 아이만 이렇게 글씨를 잘 못 쓰는지 모르겠어요."	"아이의 학습에 있어서 특히 읽기와 쓰기 부분에 대해 부모가 더 도움을 주어야 할 것 같아요. 선생님의 의견은 어떠신가요?"

협력 ❸

아이의 학교생활, 이런 점은 신경 써 주세요

아이의 원활한 학교생활 적응과 또래 관계를 위해 학기 중 부모님이 신경 쓰고 협조해야 하는 부분이 있습니다. 특히 부모가 아이의 학교생활에 관심을 가지고 챙겨 주는 것은, 아이로 하여금 학교생활에 대한 중요성을 간접적으로 느끼게 할 뿐만 아니라, 선생님에게 적극적으로 협조하는 모습을 통해 선생님에 대한 아이의 태도를 형성하는 데도 도움이 됩니다.

❶ 학교에서 보내는 여러 문서에 빠르게 회신해 주세요

학기가 시작되면 아이를 통해서 각종 문서에 대한 회신 요청이 옵니다. 이 문서들은 아이의 학교생활에 반드시 필요하며 아주 기본적인 부분입니다. 아이의 건강, 안전을 위한 기본 정보를 써넣는 것은 물론이고, 아이의 개인정보를 학교에서 알고 활용해야 하므로 빠르게 회신 되어야 합니다. 부모님도 바쁘다 보면 챙기기 어렵고 때론 놓칠 수 있습니다. 하지만 문서 회신이 늦춰지고 빼먹게 되면 선생님과의 첫 협력부터 잘 되지 않고, 부모와 아이의 첫인상이 잘못 형성될 수 있습니다.

부모가 적극적으로 학교 문서를 작성하고 때에 맞추어 보내주는 태도는 아이가 학교와 학업을 대하는 태도와도 연결될 수 있기에 학교 관련 문서는 꼭 빠르게 꼼꼼히 협조하는 것이 좋습니다.

❷ 알림장을 확인하고 준비물과 숙제를 챙기도록 도와주세요

학교의 알림장은 학부모와 교사 간의 일상적인 소통 창구입니다. 부모는 아이의 학교생활, 숙제, 그리고 특별한 활동에 대한 정보를 얻을 수 있습니다. 정기적으로 알림장을 확인하고 아이가 필요한 준비물을 스스로 챙기도록 하는 것은 아이의 자조 능력을 키우는 데도 매우 중요합니다.

특히 초등학교 1학년, 그리고 매 학년 학기 초에는 준비해야 할 물건들이 많습니다. 대부분 수업에 필요한 물품들은 학교에서 제공해 주지만, 아이가 개인적으로 갖춰야 하는 필수 용품들을 선생님마다 다르게 요청할 수 있게 때문에 알림장을 수시로 확인하는 것이 필요합니다.

또한 아이가 해야 하는 숙제들이 있다면 놓치지 않게 챙겨 주면서 습관을 형성하도록 도와주어야 합니다. 요즘은 학교 홈페이지나 스마트폰 알림장 애플리케이션에 가입해 알림장 내용을 확인할 수도 있는 만큼 준비물이나 선생님의 요청 사항을 빠뜨리지 않도록 챙기는 데 신경을 써 주어야 합니다.

부모는 아이가 당연히 스스로 챙겨야 한다고 생각하지만 아이들은 습관이 형성되기 위한 시간과 방법을 배울 수 있게 도와줄 필요가 있습니다. 초등학교 때 달성해야 하는 심리적인 발달과업은 '근면성'입니다. 무언가를 꾸준히 하고 그 안에서 성취를 느끼며 습관화하는 것을 배워야 하는 시기이지요. 스스로 알아서 시작하고 챙길 수 있는 아이는 거의 없습니다. 어떤 순서로 무엇을 보고 확인하며 어떻게 챙겨야 하는지 부모의 도움을 받으며 연습해야 합니다. 아이의 손발이 되어 모든 것을 알아서 챙겨 주는 것은 바람직하지 못하지만, 아이에게 적절한 연습과 배움의 기회를 주지 않으면서 처음부터 아이의 미숙함을 꾸짖는 것도 좋지 않습니다.

아이가 학교를 다녀오고 나서는 "해야 할 숙제나 챙겨야 할 준비물이 있니?" 또는 "네가 알림장을 지금 다시 읽어보고 필요한 것을 이야기해 줄래?"라고 질문을 던져, 아이가 스스로 알림장에 써온 내용을 확인하고 요청하는 습관을 기르게 도와

주세요. 스스로 하는 습관 형성에 도움이 될 뿐만 아니라, 아이가 학교생활 전반에 대한 주도성과 자신감을 갖게 됩니다.

❸ 학기 초에는 아이와 함께하는 시간을 꼭 가져 주세요

초등학교에 입학하거나 새로운 학년으로 올라가게 되면 아이에게는 많은 변화가 한꺼번에 찾아옵니다. 새로운 선생님, 교실, 친구들, 게다가 초등학교 1학년이라면 '학교'라는 그 자체까지 너무 많은 변화에 적응해야만 하는 상황이지요. 특히 낯선 친구들 앞에서 자기소개하기, 발표하기, 급식 먹기, 이름을 외우며 친구들 얼굴 익히기 등은 아이에게 높은 긴장감을 줄 수 있습니다. 하지만 낯선 상황에 대한 긴장이 높든 낮든 상관없이 모든 아이는 이 시기에 변화를 빠르게 소화하고 적응하기 위해 노력해야 합니다. 특히 아이가 좀 더 민감하고 불안이 높은 편이라면 평소보다 구체적인 지지가 필요하지요. 그래서 변화가 많은 학기 초에는 가정에서 부모가 아이와 더 많은 시간을 보내고, 아이와 다정하게 이야기를 나누는 시간을 보내기를 권합니다. 가능하다면 하교 직후 아이를 바로 맞이해 줄 수 있으면 좋습니다. 하지만 일하는 부모라면 아이가 하교한 직후에 맞추어 잠시 통화라도 하는 것을 권합니다. 학교생활에 대해 많은 것이 궁금하겠지만 너무 질문 폭탄을 던지기보다는 "오늘 기분은 어때?", "별일은 없었니?"라고 아이의 기분이나 상황을 가볍게 살펴주는 것이 좋습니다. 아이가 학교생활에 대해 가장 많은 것을 기억하고 이야기해 줄 수 있는 시간은 하교 직후이므로 이때 이야기를 나누는 것이 유리합니다.

또한 학교생활 적응만으로도 벅찬 시기이므로 학원이나 다른 활동의 변화는 잠시 보류하는 것이 좋으며, 저녁 시간이나 주말은 평소보다 좀 더 편안하게 보낼 수 있도록 해 주는 것도 좋습니다.

더불어 학교생활에서 필요한 부분을 직접 도와주는 것도 추천합니다. 자기소개 하기를 부모와 함께 연습하거나, 친구의 이름을 빠르게 외우는 방법에 대해 이야기하기 등이 있습니다.

아이의 마음이 잠시 쉴 수 있고 도움을 받으며 이야기를 나눌 수 있는 곳이 있다면 아이는 학교에서 더욱 안정감을 가지고 도전하고 적응할 수 있습니다. 아이의 학교적응과 또래관계에 도움이 되는 가장 중요한 힘은 부모와 아이의 안정적인 관계로부터 시작된다는 것을 기억해 주세요.

❹ 학부모 활동 중 한 가지 정도는 협조해 주세요

학교에서는 학부모가 참여할 수 있는 다양한 활동들이 있습니다. 학부모 임원으로 활동하는 것부터, 아이들의 안전을 확보해 주는 활동, 급식 활동에 대한 지원, 학급별 준비물 정리, 도서관 활동, 교통지도 같은 활동 등이 있지요. 물론 모든 행사를 다 참여하는 것은 쉽지 않은 일이에요. 특히 맞벌이 부모에게는 쉽지 않지요. 하지만 가능하다면 최소 한 가지 정도의 활동은 참여해 보길 권합니다. 학교에서는 반별로 부모가 활동해 주어야 하는 할당된 부분이 있습니다. 담임 선생님이 반 학부모의 협조가 잘 되지 않아 여기저기 계속 부탁해야 하는 상황이 되면 아이들을 교육하는 일 외에 행정적인 업무에서의 부담이 늘어납니다. 선생님이 아이들의 적응과 교육에 더 많은 도움을 줄 수 있도록 부모들이 조금씩 협력하여 채워준다면 정말 큰 도움이 되지요. 아이에게도 부모가 학교생활에 관심을 가지고 적극적으로 돕는다는 태도를 전달할 수 있으며, 이러한 활동 참여를 통해 부모 또한 아이 학교생활과 여러 행정적인 부분에 대한 이해를 높일 수 있습니다.

❺ 문서와 학사 일정은 미리 확인해 주세요

학교에서 보내는 문서와 학사 일정을 미리 확인하는 것은 아이의 학교생활에서 필요한 부분을 놓치지 않고 관리하는 데 필수적입니다. 개교기념일, 재량휴일, 방학 일정 등을 미리 파악해 두는 것은 부모에게도 도움이 되며, 특히 아이 질병으로 인한 결석이나 조퇴, 현장 체험학습으로 인한 결석 등은 어떠한 서류를 제출하고 기한이 어떠한지 미리 파악해 두어야 합니다. 새 학년이 되면 새롭게 학교 홈페이지에 공지된 양식을 다운로드 받아 두고 양식에 맞추어 제출해야 합니다. 행정 처리 과정에서 지연되거나 잘못된 문서가 여러 번 오가는 것은 부모와 선생님 모두에게 효율적이지 못하며, 선생님이 아이들을 교육하는 데 사용하는 시간과 에너지를 낭비하게 만드는 일이기도 합니다. 따라서 신청서와 결과보고서 등 때에 맞추어 내야 하는 문서를 잘 챙기고 학사일정도 파악하여 대비해 주세요.

❻ 선생님에게 사적인 연락, 잦은 연락은 자제해 주세요

선생님과의 적절한 소통은 아이의 학교생활 적응과 발달에 큰 도움이 됩니다. 하지만 지나치게 잦은 사적인 연락은 교사의 업무 부담을 증가시킬 수 있습니다. 선생님의 주된 업무는 아이들이 학교생활에 잘 적응하고 필요한 학습을 잘 배우고 익힐 수 있도록 지도하는 역할입니다. 너무 사적인 요구사항(예: 아이 내복을 입혀주세요, 아이 옷매무새를 매만져주세요, 화장실에 데리고 다녀와 주세요, 밥을 골고루 먹는지 확인해 주시고 ○○반찬을 꼭 먹을 수 있도록 지도해 주세요)은 하지 않아야 합니다. 학교 선생님은 우리 아이 한 명만 담당하는 것이 아니라 한 학급의 아이들을 교육해야 하기 때문이에요. 부모이기에 챙겨 줄 수 있는 부분과 선생님의 역할은 정확하게 구분해야 합니다. 또한 선생님은 아이들 수업 시간 외에도 수업 준비, 내부 회의, 학교 행사 등의 여러 업무가 있습니다. 그래서 연락이 바로 닿지 않을 수 있으니 충분한 시간을 가지고 소통하는 것이 필요합니다. 요즘은 보통 선생님의 연락처를 공개하기보다는 SNS 등 별도의 선생님 지원 소통 채널을 사용하도록 되어 있습니다. 아이의 안전이나 위급한 상황이 발생 되어 급히 연락이 닿아야 할 때는 학교 교무실이나 행정실을 통해 연락해 주세요.

❼ 학교생활 문제, 우선 아이가 해결할 기회를 주세요

아이가 학교에서 있었던 일을 이야기할 때, 부모는 너무 놀라 바로 확인해 해결해 주고 싶을 때가 있습니다. 하지만 아이의 문제를 해결하기 위해 즉각적으로 반응하기보다는 우선 상황을 면밀히 관찰하는 시간을 가질 필요가 있습니다. 아이가 한 이야기가 일시적인 아이의 감정에서 나타난 것일 수도 있으니 아이 스스로 문제를 해결할 수 있는 여지가 있는지 살펴보는 것이 우선입니다. 시차를 둔 반복 질문을 통해 아이의 이야기가 계속 일치되는지를 파악해 보는 것이 좋습니다. 특히 부모가 호들갑을 떨거나 강한 정서 반응을 보이면 아이가 겁을 먹어 잘못된 이야기를 할 수 있습니다. 아이가 편안하게 이야기할 수 있도록 부모의 감정반응을 최소화하는 것이 필요합니다. 그러고 나면 아이에게 "어떻게 해결하고 싶은지", "너의 생각은 어떠한지?" 질문해 볼 수 있습니다. 아이는 그냥 이야기만 하고 싶었을 뿐 좀 더 생각해 보거나 스스로 해결하고 싶을 수도 있습니다.

실제로 비슷한 경우를 상담했던 적이 있습니다. 아이가 친구 여러 명에게 놀림을 당한 일이 있었는데, 이 사실을 알게 된 부모가 당장 담임 선생님에게 연락을 취했고 상대방 부모들이 소환되며 일이 커졌다고 했습니다. 알고 보니 지속적으로 단체가 괴롭히는 상황은 아니었고 놀면서 일시적으로 일어난 일이었습니다. 물론 당한 아이의 부모는 속상하고 문제를 해결하고 싶을 수 있지요. 그런데 중요한 것은 그때 이후로 그 아이는 부모에게 학교생활 이야기를 잘 하지 않게 되었다고 합니다. 잘못 이야기했다가 일이 커지는 것이 부담스러웠고, 오히려 이 사건 이후 학교생활이 위축되었다고 합니다. 아이가 어떤 해결 방식을 원하는지 좀 더 파악했다면 좋았겠다 싶었던 사례였지요. 부모가 즉각적으로 나서지 않고 잠시 쉼표를 찍으면 아이는 생각하고 스스로 문제에 생각해 볼 기회가 생깁니다. 아이에게 "3일만 더 살펴보고 엄마 아빠에게 다시 이야기해 줘 볼래?"라고 시간을 주는 방법도 있습니다. 간혹 아이가 일시적으로 느꼈거나 상황을 오해하고 확대하여 이야기할 때도 있는데, 이렇게 시간을 확보하면 문제에 대해 정확히 알고 효과적으로 대응할 수 있게 됩니다.

❽ 선생님 개입 없이 부모가 직접 해결하는 것은 피해 주세요

아이와 충분히 대화를 나누고 스스로 해결할 시간도 주었으며 반복되는 상황인지 지켜보았는데 해결되지 않는 경우가 있습니다. 또래 관계에 발생하는 미묘한 갈등이나 따돌림처럼 여겨지는 상황은 부모의 개입이 필요한 경우로 발전되는 경우가 있습니다. 여기서 주의해야 할 것은 학교 교실 내 아이들의 문제라면 선생님 없이 문제에 개입하지 않도록 해야 한다는 점입니다. 간혹 너무 흥분한 나머지 바로 상대방 아이의 부모에게 연락하거나, 담임 선생님에게 연락하지 않고 바로 학교 윗선으로 신고하는 경우가 있습니다. 정확한 상황을 알지 못했던 선생님의 입장을 곤란하게 만들 뿐만 아니라, 오히려 문제를 더욱 키우고 관련된 사람들의 감정만 상하는 결과를 초래하기도 하지요. 특히 아이들의 이야기를 각각 가정에서 듣는 것만으로는 객관적인 문제 파악을 할 수 없기에 학부모들끼리 불필요한 논란이 만들어지기도 합니다.

아이의 학교생활에서 문제가 전혀 발생하지 않을 수 없습니다. 심각한 문제라면 더욱 신중히 절차에 따라 담임 선생님이 인지하고 개입한 상태에서 이루어져야 할 것입니다. 선생님의 중재를 통해 아이들이 스스로 깨닫고 문제를 해결하는 방법을 배우는 과정도 학교가 주는 중요한 배움입니다. 따라서 발생한 문제는 가장 먼저 선생님과 의논해 주세요. 부모의 직접적인 개입은 이 과정에서 충분히 절차대로 이루어지지 않을 때 결정해도 늦지 않습니다.

협력 ❹

학부모 참관수업에서 확인해 주세요

많은 부모가 참관수업의 중요성을 알고 있지만, 가서 무엇을 관찰하고 파악해야 하는지 잘 모르는 경우가 많습니다. 또한 괜히 다른 아이와 비교하다가 속이 상하고 아이를 다그치게 되기도 하지요. 참관수업은 부모가 아이의 학교생활을 전해 듣지 않고 직접 관찰할 수 있는 유일한 기회입니다. 선생님의 수업 방식이나 아이의 수업 태도 외에 아이의 사회생활을 엿볼 수 있는 좋은 상황이기에 100% 활용하는 것이 중요합니다.

❖ 참관수업 참여 시, 어떤 부분을 중점적으로 살펴볼까요?

아이의 수업 태도는 괜찮을까? 어쩔 수 없이 이 부분에 가장 집중하게 됩니다. 하지만 아이에 대해 평가하거나 다른 아이들과 비교만 하기에는 참관수업이 주는 기회가 너무 아깝습니다. 최대한 관찰자의 눈과 마음을 가지고 아이의 다양한 행동과 아이가 생활하는 공간을 관찰해 주세요. 이후에 아이와 학교생활에 관련된 대화를 하는 데 큰 도움이 됩니다.

❶ 학교 내부와 교실 환경 등 아이의 일상생활 공간을 관찰해 보세요

아이의 교실은 어디에 있는지 층과 위치 그리고 급식실이나 도서관, 체육관 같은 시설은 어디에 있는지를 살펴보세요. 또한 학교 내부와 교실 환경을 자세히 살펴보세요. 교실에서 사물함은 어디에 있고 책상은 어떻게 배치되어 있는지, 선생님의 자리는 어떤지, 교실 뒤편에는 무엇이 있는지 등도 자세히 파악해 두는 것이 좋습니다. 이렇게 아이의 환경을 파악하는 이유는, 아이가 학교생활에 관한 이야기할 때 그림을 그려 보듯 그 상황을 생생하게 상상하며 경청할 수 있기 때문입니다. 아이가 생활하는 공간에 대한 이미지가 없으면 아이의 이야기를 자세히 들으며 쫓아가기가 굉장히 힘듭니다. 아이의 교실 환경에 대해 잘 알고 있으면 아이에게 필요한 도움을 주기에도 좋습니다. 아이가 친구들 앞에서 발표할 때 떨려서 힘들다고 한다면, 아이에게 친구들의 눈을 보지 말고 시선을 어디에 두어야 할지 구체적으로 제안할 수 있습니다. "친구들이 아니라 교실 뒤편 가운데 시계가 있지? 거기를 쳐다보고 이야기해 보면 어때?"와 같이 이야기하면 더욱 효과적입니다.

❷ 선생님의 수업 방식을 파악해 두세요

수업이 진행될 때 선생님이 가르치는 스타일과 특성을 잘 파악해 두면 좋습니다. 물론 참관 학습은 보통의 수업보다 좀 더 부모님들이 관찰하기 좋은 형태로 진행되는 부분은 있습니다. 그럼에도 설명하는 선생님의 방식이 예시를 많이 사용하는지, 개념을 다시 한번 정리하는 스타일인지, 시청각 자료를 많이 활용하시는 편인지, 말투는 어떠한지 등에 대한 정보를 얻을 수 있습니다. 아이가 "엄마 선생님이 항상 화난 것처럼 말을 해."라고 했을 때, 수업방식을 통해 선생님의 특성을 이해했다면, "선생님은 수업할 때도 너희가 좀 더 분명하게 이해하도록 정확하고 짧게 이야기하시는 것 같아, 네 입장에서는 화가 난 것처럼 느껴질 수 있지만. 실제로는 아닐 거야."라고 설명할 수 있습니다.

❸ 아이가 수업에 참여하는 태도를 관찰해 보세요

물론 학부모 참관수업 때는 평소보다 아이들이 흥분되어 있고 긴장하기에 수업에서 보이는 모습이 학교생활의 전부라고 판단해서는 안 됩니다. 그럼에도 몇 가지 기준으로 관찰해 보는 것은 좋습니다.

첫 번째는 '집중력'입니다. 아이가 선생님이 설명할 때 얼마나 집중하여 듣고 그 집중을 얼마나 유지하는지 살펴보세요. 집중력이 약하다면 가정에서 집중할 수 있는 다른 활동을 연습해 보거나 스마트폰 등의 미디어 사용을 줄이는 등의 노력을 해 볼 수 있습니다.

두 번째는 규칙을 지키기 위해 조절하는 행동을 얼마나 보이느냐입니다. 학교생활은 규칙에 따라 움직이며, 학교는 아이가 사회성의 기초가 되는 여러 가지 조절 기능을 배우고 연습하는 곳이기도 합니다. 자리에 앉는 것, 말을 할 때 손을 드는 것, 멈추라고 할 때 멈추는 행동 등을 잘하는지 살펴보세요.

세 번째는 '적극성'입니다. 아이가 무언가를 배울 때 설명하는 대로 따라하며 흡수하는 스타일인지, 직접 만지고 말하고 참여하며 배우는 스타일인지 파악해 보세요. 이후 아이에게 어떤 형태의 학습을 제공해야 할지 결정하는 데 큰 도움이 됩니다.

마지막으로 참관 수업은 보통 발표 형태의 수업이 많이 진행됩니다. 아이가 '발표'할 때 어떤 모습을 보이는지 살펴보세요. 평소 아이의 모습과 학급에서의 행동은 다를 수 있습니다. 소극적이고 불안이 많은 아이가 씩씩하게 발표를 하기도 하고, 무엇이든 적극적으로 뛰어드는 아이이지만 발표할 때는 목소리가 작아지거나 움츠러들 수도 합니다. 발표에 대한 부분을 잘 관찰하고 아이에게 필요한 적절한 도움을 주면, 발표가 많은 저학년일수록 수업 시간에 대한 자신감과 학습에 대한 흥미, 또래 관계에서의 자기 표현력이 많이 향상될 수 있습니다.

❹ **아이의 또래 관계에 대해 관찰해 보세요**

아이가 집에 돌아와 친구들과 있었던 이야기를 해 주어도 듣는 부모로서는 잘 파악이 안 되고 헷갈릴 때가 많습니다. 적어도 아이가 가깝게 지내는 친구들, 아이 입에서 자주 이름이 나오는 아이들의 이름과 특성을 연결하여 파악해 두면 혹시 갈등이 있거나 아이가 적절한 대처를 해야 할 때 지도하기 수월합니다.

참관수업에서는 아이들의 이름과 행동 특성을 쉽게 연결할 수 있습니다. 뒷자리에 서서 아이들을 한참 보고 있으면 '아 저 아이가 만날 이야기하던 그 단짝이구나', '저 아이는 쉬는 시간이 되니 바로 우리 아이한테 달려가네.'와 같이 아이의 친구들을 파악할 수 있습니다. 또한 참관수업을 마치고 쉬는 시간이 되었을 때, 자유로운 상황에서 아이들이 보이는 행동도 관찰하면 도움이 됩니다. 보통 아이들의 놀이와 갈등은 모두 쉬는 시간, 점심시간에 발생하기 때문이지요. 쉬는 시간에 아이들이 모여 놀이하는 모습, 아이의 행동, 위치 등을 관찰해 두면 아이에게 적절한 반응을 해 주는 데 도움이 됩니다.

협력 ❺

두 번째 학부모 상담에서는
이렇게 협력하세요

한 학기를 무사히 마치고, 2학기가 시작되면 다시 학부모 상담으로 선생님과 대화할 수 있는 기회가 생깁니다. 부모는 또 만나서 무슨 이야기를 나누어야 하나 막막할 수도 있고, 한편으로는 '아이가 적응하면서 장난도 치고 실수도 많이 하는 모습을 보여 주었을 텐데 괜찮을까?'라는 걱정이 들 수 있습니다. 하지만 가능하다면 전화 통화로라도 간단히 재상담을 진행하는 것을 권합니다. 새 학년 첫 상담 때와는 다른 주제와 깊이의 이야기를 나눌 수 있기 때문입니다.

❶ 아이에게 있었던 성장과 변화에 대해 말해 보세요

아이를 바라보면 언제나 고민거리가 한두 가지씩 있습니다. 하나 해결하면 또 다른 문제가 보이고, 도와주어야 하는 것이 끝도 없다 느껴지지요. 그런데 아이는 분명히 성장하고 있습니다. 1학기 초반에 가지고 있던 문제도 한 학기를 보내며 개선되는 부분들이 나타나기 시작합니다. 부모는 1학기 상담에서 이야기 나누었던 부분 중에서 변화가 나타난 부분이 있는지 선생님과 대화를 나누는 것이 좋습니다. 아이를 성장시키는 방법에 대한 정보를 줄 뿐만 아니라, 선생님에게 아이에 대한 긍정적인 인식을 심어 줄 수 있는 효과적인 방법이기도 합니다.

새 학기 초에는 발표할 때 울먹이거나 수업에서 소극적으로 행동하던 아이가 한 학기 동안 어느 정도 씩씩하게 발표하고 활기차게 참여하는 모습으로 성장했다면 아이에게 큰 변화가 있었던 것이므로 반드시 짚고 넘어갈 필요가 있습니다. 이런 과정을 통해 부모와 선생님은 서로의 지지에 대해 감사 인사를 나눌 수 있고, 아이의 다음 성장을 위한 목표도 설정할 수 있습니다. 더불어 아이의 성장에 대해 부모와 선생님이 직접 아이에게 반응해 준다면 더욱 좋겠지요.

💬 이렇게 대화해 보세요

"기초연산을 연습할 수 있도록 집에서 지도했는데, 요즘은 수업을 잘 따라가고 있는지 궁금합니다."

"1학기 상담 때 받았던 조언을 바탕으로 아이가 스스로 챙겨 보도록 했는데, 아이가 학교생활에서 조금 나아졌을까요?"

"아이가 스트레스를 잘 풀 수 있도록 좋아하는 활동도 하고 주말에 많이 노력했어요. 아이가 수업 시간에 집중도가 더 높아졌나요?"

"한 학기 동안 아이가 좀 달라진 점이 있을까요? 조금 더 좋아져야 하거나 보완해야 할 부분들이 있을까요?"

❷ 한 학기를 보내며 나타난 새로운 행동에 관해 물어보세요

새 학기 첫 학부모 상담 때는 선생님이 아이에 대해 충분히 알고 있는 상황이 아니었습니다. 부모가 아이에 대한 정보를 선생님에게 공유하는 목적이 더 컸습니다. 하지만 2학기 상담의 상황은 조금 다릅니다. 선생님은 아이가 새로운 환경에 적응되었을 때 보이는 다양한 모습을 입체적으로 관찰할 수 있으며, 또래 관계, 생활 태도 등에 대한 전반적인 정보를 복합적으로 파악할 수 있지요. 그렇기에 부모는 2학기 학부모 상담을 통해 아이의 학습, 또래 관계, 생활 태도에 대해 새로운 정보를 얻을 수 있으며 아이에게 새롭게 나타난 행동이 있는지 알 수 있습니다. 특히 내 아이뿐만 아니라 다른 아이들도 모두 학교생활에 익숙해진 단계이기에, 또래 관계에서 나타나는 특성과 아이의 사회성에 대한 많은 정보를 얻을 수 있습니다.

이렇게 대화해 보세요

"아이가 학교에서 친구들과 어떻게 지내고 있나요? 선생님 보시기에 누구랑 제일 친하게 지내나요?"

"혹시 아이와 특별히 갈등이 자주 일어나는 친구가 있을까요?"

"아이의 이야기를 들으면 친구들에게 하고 싶은 말을 제대로 못하고 참는 것 같아요. 학교에서는 어떤지 선생님 의견을 듣고 싶습니다."

❸ 기초 학력과 다음 학년 준비를 위한 도움을 받으세요

한 학기가 지나면 아이가 전반적으로 학습을 잘 따라가는지, 기초학습이 잘 되고 있는지 등을 파악할 수 있습니다. 기초학습이 부족하면 학습에 대한 흥미를 잃기 쉽고, 아이의 자신감과 학교생활 전반에도 영향을 주기 때문이지요. 그래서 아이에게 특별히 보완해야 할 과목이 있는지, 학교에서 좀 더 흥미를 보이는 과목이 있는지 등을 확인하면 좋습니다. 아이들은 생각보다 학교생활에 대해, 특히 학습에 대해 부모에게 이야기를 잘 들려 주지 않습니다. 꼬치꼬치 캐물어도 그냥 좋았다, 어렵다 정도로 간단히 대답할 때가 많지요.

또한 과목 중심이 아닌 학습 능력 중심으로 아이의 강점을 파악하는 것도 중요합니다. 말로 표현하고 발표하기, 글로 자신의 생각 나타내기, 새롭고 창의적인 아이디어 내기, 힘들어도 끝까지 도전하기 등 학습에 필요한 여러 태도와 능력 중에서 아이가 어떤 부분에 강점이 있는지 알아두면 좋습니다. 선생님은 이러한 정보를 부모에게 공유해 줄 수 있는 좋은 협력자입니다. 더불어 선생님은 아이의 기초 학력 상태와 학습 전략에 대한 전문적인 조언을 해 주실 수 있으며, 아이의 기초 학력 강화를 위해 필요한 학교 내외의 자원이나 프로그램에 대해서 제안해 주실 수 있습니다.

💬 이렇게 대화해 보세요

"아이가 말로 표현하는 것과 글로 표현하는 것 중에서 무엇을 더 편안해할까요?"

"아이가 글을 읽고 이해하는 것이 아직 약한 것 같은데 학교에서는 어떤가요? 기초적인 부분에 대해 어떻게 보완하면 좋을지 조언 부탁드려요."

"아이에게 적절한 학습 방법이나 책이 있을까요?"

"2학기에는 분수가 나오면서 어려워진 것 같은데 제가 무엇을 도와줄 수 있을까요?"

협력 ❻

학교에 문제 제기는 어떻게 해야 할까요?

1년의 학교생활을 보내다 보면 부모나 선생님이 미처 예상하지 못한 여러 가지 문제를 만나게 될 수 있습니다. 아이들 간의 문제가 계속 되거나, 선생님의 대응이 적절하지 않다고 느껴질 수 있으며, 학교의 주요 행정 절차가 불투명하거나 아이들의 안전에 영향을 미친다고 여겨지는 상황도 발생할 수 있지요. 그것이 무엇이든 문제가 되며 학급 아이들에게까지 영향을 미친다면 문제는 해결해야 합니다. 하지만 문제 제기를 어떻게 하고 대화를 풀어 나가느냐에 따라 좋은 해결로 이어질 수도 있지만 선생님과 부모 사이의 신뢰가 꺾이고 문제가 오히려 커지는 결과가 발생할 수 있습니다. 특히 부모 중

일부는 문제를 제기해야 할 때 선생님을 통해 이야기를 전달하기보다는 바로 학교 윗선으로 문제를 제기하는 경우가 있는데 이런 부분은 조심해야 합니다.

학교나 선생님에게 문제를 제기할 때는 반드시 '문제를 해결한다.'는 목적이 있어야 합니다. 단순한 분풀이나 기분 나쁨을 표현하기 위한 문제 제기는 문제를 필요 이상으로 확장 시킬 수 있습니다. 부모는 아이에게 문제를 잘 해결해 나가는 어른으로서의 본보기를 보여 주어야 합니다. 그래서 보다 현명한 방식으로 문제를 제기하는 것이 필요합니다. 가장 중요한 것은 아이의 담임 선생님과 문제에 대해 먼저 이야기를 나누어야 합니다. 불편한 이야기를 꺼내는 것이 쉽지 않은 일이지만, 정중하고 예의 있게 문제를 논의하고 이야기를 나누는 것이 필요합니다.

❶ 정보를 수집하고 문제를 정확하게 파악해 주세요

문제를 제기하고 싶은 부분에 대해서 정확하게 정보를 수집하고 사실 여부를 파악하는 것은 아주 기본적인 일입니다. 아이의 이야기만 듣고 화가 나서 섣불리 문제를 제기하고 보니 문제 삼을 일이 아니었던 경우가 아주 많습니다. 이런 상황은 선생님 그리고 학교와 관계를 유지하기가 민망한 상황으로 이어지게 되기에 주의해야 합니다. 가급적이면 객관적인 사실과 자료를 많이 확보하고 준비하는 것이 필요합니다. 이러한 정보와 자료는 대화의 신뢰성을 높여 주며, 주관적인 감정이나 판단을 최대한 배제하고 객관적으로 문제를 바라보는 데 도움이 됩니다. 또한 특별히 아이가 분명한 피해를 본 경우가 아니라면 문제 제기의 목적을 '내 아이를 위한 이익'에 초점을 두기보다는 '아이들의 교육환경 개선'으로 연결하는 것이 좋습니다. 특히 공식 민원의 경우 이 문제가 다수의 아이들에게 미칠 영향을 고려하여 신중하게 시도해야 합니다.

❷ 중립적이고 존중하는 대화법을 사용해 주세요

문제를 제기하는 대화를 시작할 때는 반드시 교육에 대한 애쓰는 선생님을 인정하며 감사의 말을 전달합니다. 이는 글이나 대화의 분위기를 긍정적으로 만들어줍니다. 또한 특정한 사건이 일어난 것이 확실하다는 전제로 이야기를 시작하기보다는 '아이가 말하기를', '아이가 쓴 내용을 보았는데'와 같이 상황을 다시 한번 파악할 수 있는 여지를 두고 중립적인 표현으로 접근하는 것이 좋습니다. 문제 제기를 위해 구체적인 사실을 파악했다면 아이가 경험한 상황을 시간 순서에 따라 구체적으로 설명하며, 이 과정에서 아이가 호소한 감정, 표현한 말에 대해 사실 중심으로 이야기하면 좋습니다. 부모 개인의 감정은 최대한 배제하고 '아이가 ○○이라고 말했다', '아이가

○○하다고 느꼈다고 합니다'와 같이 표현해야 문제에 대한 선생님의 불필요한 방어를 낮출 수 있기에 해결에 도움이 됩니다. 예를 들어, "제 생각에는 선생님이 공평하지 않다고 느껴집니다."보다는 "아이가 다음과 같은 상황에서 이런 감정을 느꼈다고 하네요."와 같은 방식이 좋겠지요.

❸ 문제 해결 방향을 모색하고 대화를 잘 마무리해 주세요

선생님에게 따지는 의도보다는 문제를 해결하고 싶다는 의지를 전달하며, 특히 선생님의 견해를 묻고 수용하는 태도로 이야기하면 좋습니다. "아이가 상처받았다고 하는 부분을 어떻게 하면 해결할 수 있을까요? 아이에게 해 줄 수 있는 말이나 대안이 있을지 의견을 요청합니다."와 같은 표현을 해 볼 수 있겠지요. 대화나 글을 마무리할 때는 소통과 문제 해결을 위해 시간을 내준 것에 대해 감사하다는 말을 더하며, 아이의 학교생활 이야기를 나눌 기회가 있었으면 한다는 바람을 전달하는 것이 좋습니다.

> 💬 문제 제기 사례 ①
>
> 안녕하세요, 선생님. 최근 아이와 학교생활 이야기를 하는 중에 몇 가지 상황을 듣게 되었습니다. 이에 대해 선생님과 좀 더 자

세히 나누고 싶어 연락드렸습니다. 아이가 얘기한 바로는, 선생님이 특정 친구에게 좀 더 관심을 많이 보이시는 것 같다고 느껴져서 조금 힘들어 하더라고요. 예를 들면, **[구체적인 상황 설명]** 처럼 일어난 상황에서 아이는 자신이나 다른 친구들과 차별을 느꼈다고 합니다. 물론, 아이의 관점만으로 전체 상황을 판단하는 것은 공정하지 않을 수 있기에, 선생님의 관점에서 좀 더 자세한 이야기를 듣고 싶습니다. 선생님이 의도하신 바와 아이가 느낀 바가 다를 수 있으니, 이에 대한 선생님의 생각을 듣고 아이에게 잘 전달해 주고 싶어서요. 이런 상황에 대해 함께 대응하고, 앞으로는 어떤 방법으로 아이에게 상황을 설명해 주면 좋을지, 아이가 혹여 오해하고 있는 것이라면 어떻게 이야기를 하면 좋을지 상의하고 싶습니다. 언제든 편한 시간에 연락 주시면 감사하겠습니다.

💬 문제 제기 사례 ②

안녕하세요, 선생님. 최근 아이와 학교에서의 생활에 대해 이야기하는 중에 특정 상황을 듣게 되었습니다. 그 상황이 아이에게 좀 큰 영향을 준 것 같아 선생님과 이야기를 나누고자 연락드렸습니다. 아이의 말로는, 수업 중에 어려운 문제나 내용에 대해 도움을 요청했을 때, 선생님이 바쁘신 건지 질문을 들어주지 않으셨다고 합니다. 예를 들면, **[구체적인 상황 설명]** 때, 아이가 손을 들고 질문했는데 선생님이 그것을 무시하는 것처럼 느껴졌다고 합니다. 물론, 수업 시간에 많은 학생의 질문을 모두 들어 주기는 쉽지 않다는 것을 이해합니다. 그러나 아이는 자신의 질문이나 불편함에 대해 중요하게 생각하기 때문에, 그런 순간들이 아이에게는 섭섭함으로 느껴졌나 봅니다. 그렇기에 이런 상황이 어떻게 발생했는지, 선생님의 관점에서 상황을 설명해 주실 수 있을까요? 아이가 더 적극적으로 학교생활에 참여하고, 필요할 때 도움을 요청할 수 있는 환경이 되길 바라기에, 선생님과 함께 이 문제에 대해 따로 연락드립니다. 선생님의 의견과 생각을 들려 주시면 감사하겠습니다.

✣ 만약 공식적인 민원을 제기해야 한다면

학교에 공식적인 민원을 제기하는 것이 항상 최선이라고 할 수는 없습니다. 하지만 공식적인 민원이 필요한 상황이 발생할 수는 있습니다. 학교 아이들 대다수가 학교의 행정적인 절차로 인해 어려움을 겪거나, 아이들의 안전상에서 중대하게 인식해야 할 문제가 발생한 경우, 필요에 의해서는 민원을 제기할 수 있습니다. 하지만 공식적인 민원 제기는 때로는 학교와 학부모 간의 관계에 긴장감을 초래할 수 있어요. 특히 민원의 내용이나 표현 방식에 따라 선생님들이나 행정 직원들이 방어적인 태도를 취할 수도 있지요. 또한 공식적인 민원 절차는 시간이 오래 걸릴 수 있습니다. 특히 다양한 부서나 담당자를 거쳐야 할 때, 문제의 해결이 지연될 수 있다는 것을 미리 염두에 두셔야 합니다. 따라서 학교에 공식적인 민원을 제기하기 전에, 먼저 문제나 우려 사항을 개인적으로 또는 비공식적인 방법으로 선생님 또는 학교 관계자와 소통하는 방법을 우선 고려하는 것이 효율적입니다.

✣ 공문서로 민원 작성시

명확한 제목 문서의 제목은 문제의 중심이 되는 핵심 주제를 정확하게 반영해야 합니다. 제목이 모호하면 문서의 주요 내용을 잘못 해석할 위험이 있습니다. 제목은 문서의 첫인상을 제공하므로, 읽는 사람이 문서의 내용에 대해 빠르게 이해할 수 있도록 도와줍니다. 따라서 직관적이고 핵심을 잘 반영하는 제목으로 작성해 주세요.

객관적인 표현 문서 내에서 감정적이거나 주관적인 언어는 문제 상황의 객관적인 판단을 방해할 수 있습니다. 문제 제기의 목적은 해결을 위한 협력을 요청하는 것이므로, 중립적이고 객관적인 언어를 사용하는 것이 바람직합니다.

구체적인 사실 기술 추측이나 주관적인 해석은 문제의 실질적인 내용을 왜곡할 수 있습니다. 문제의 원인과 상황을 명확히 파악하기 위해서는 구체적인 사실 기반의 기술이 필요합니다. 이는 제기되는 문제에 대한 신뢰성을 높여 줍니다.

제한 또는 요청 사항 문제 제기만으로는 해결 방향성을 제시하지 못하므로, 구체적인 제안이나 요청 사항을 포함하는 것이 중요합니다. 구체적인 요청 사항은 문제 제기의 적극성과 해결 의지를 보여주며, 대화와 협력의 기반을 마련합니다.

올바른 문서 구성 일관된 구조는 문서의 전체적인 흐름을 명확하게 해줍니다. 서론에서는 문제 제기의 배경을, 본론에서는 문제의 세부 내용과 제안 사항을, 결론에서는 문제 해결을 위한 요청을 기술하는 것이 좋습니다. 이렇게 명확한 구조는 민원 제기를 받는 사람이 내용을 쉽게 이해하고 파악할 수 있도록 도와줍니다.

이름 및 연락처 포함 본인의 신분을 명확하게 밝히는 것은 문서의 신뢰성과 진정성을 높여 줍니다. 또한, 문제 해결을 위한 추가적인 소통이나 확인이 필요할 때 연락처는 필수적입니다. 이를 통해 신속하고 원활한 의사소통이 가능하게 됩니다.

`정중한 표현` 상대방의 입장을 고려하여 존중하는 태도를 보이는 것은 협력적인 대화의 기반을 만들어 줍니다. 비난이나 공격적인 언어 대신, 상황을 개선하고자 하는 적극적이고 건설적인 태도를 표현하는 것이 중요합니다.

✢ 민원 문서 작성의 형식

민원을 제기하는 문서를 작성해야 한다면 아래의 형식을 참고하여 작성해 주세요.

`제목` 제목은 문서의 핵심 내용을 반영해야 합니다. '문제 제기', '건의 사항', '요청' 등의 키워드를 사용하면 명확성이 높아집니다.

예 "××학교 학생식당의 위생 상태에 관한 문제 제기"

`날짜와 주소` 날짜는 문서 작성일을 기재해 추후 참조할 때 문서의 시점을 알 수 있게 합니다. 주소는 문서의 수신자를 구체적으로 명시합니다. 학교의 부서, 관련자의 직함과 이름을 정확하게 적습니다.

예 "2023년 10월 3일, ××학교, 행정실 김○○ 팀장님께,"

인사말 공손하고 중립적인 표현을 사용합니다. 받는 사람을 존중하는 언어표현을 사용합니다.

예 "안녕하세요, 김○○ 팀장님. 저는 ○○초등학교 학부모 ○○○입니다."

서론 문서의 목적과 중요성을 강조합니다. 왜 이 문제가 중요한지, 어떤 영향을 주고 있는지를 기술합니다.

예 "최근 급식실의 위생 상태가 저하되었음을 발견하였고, 이로 인해 여러 학생이 불편을 겪고 있습니다."

본론 문제의 세부 사항을 기술합니다. 가능한 구체적인 사례나 증거를 제시하여 설명합니다. 숫자나 데이터, 사진 등의 증빙 자료를 활용하면 좋습니다.

예 "지난주 3일 동안 10명 이상의 학생이 식중독 증상을 보였으며, 사진 첨부파일에서도 위생 상태의 문제를 확인할 수 있습니다."

요청 사항 또는 제안 문제의 해결 방안을 구체적으로 제시합니다. 요청 사항이나 제안을 항목별로 구분하여 명확하게 기재합니다.

예 1. 학생식당 위생 검사 실시, 2. 위생 관리 교육 강화, 3. 정기적인 피드백 시스템 도입

맺음말 문제 해결을 위한 협조와 이해를 부탁하는 내용으로 마무리합니다.

예 학교의 바른 식생활 환경을 위해 귀하의 적극적인 관심과 협조를 부탁드립니다.

첨부 문서 문제의 증빙이 될 수 있는 사진, 데이터, 기사 등을 첨부합니다. 첨부파일의 목록을 제일 아래에 명시하며, 첨부 파일 각각에는 번호나 라벨을 붙여 참조하기 쉽게 합니다.

아래의 문서를 참고하여, 학교나 관련 기관에 제출하실 수 있습니다. 문서의 내용은 실제 상황과 본인의 의견에 따라 조금씩 수정하면 됩니다.

📑 민원 제기 사례

학교 앞 통학로의 공사차량 운행 문제 제기
2024년 9월 3일
××초등학교 교장 선생님께

안녕하세요? ××초등학교 학부모회장 ○○○입니다. 교육의 현장에서 아이들의 안전을 위해 끊임없이 노력하시는 교장 선생님께 감사의 인사를 전합니다. 본 문서를 통해 학교 앞 통학로에 대한 중요한 안전 문제를 제기하고자 합니다.
최근 학교 앞 도로에서 큰 규모의 건설 공사가 진행 중임을 알고 계실 것입니다. 이 공사와 관련하여 큰 공사차량들이 자주 다니고 있어, 아이들의 등하교하는 시간에도 공사 차량의 통행이 빈번하게 발생하고 있습니다. 특히, 아직 키가 작은 아이들에게는 공사 차량의 뒤편이나 측면이 잘 보이지 않아 위험한 상황이 수시로 발생하고 있습니다.

아이들의 안전을 위하여 아래와 같이 요청을 드립니다.

- **공사 차량 통행 제한** : 아이들의 등하교 시간에는 공사 차량의 통행을 제한하거나 통제할 수 있는 방안을 모색해 주시기 바랍니다.
- **안전요원 배치**: 학교 앞 통학로에 안전요원을 추가로 배치하여 아이들의 안전한 통학을 도와주실 것을 건의드립니다.
- **안전 표지판 설치**: 통학로와 공사 현장 주변에 안전 표지판을 설치하여 운전자들에게 경고하고 아이들에게 주의를 환기 시킬 수 있도록 해 주세요.

학교의 적극적인 조치와 협력을 부탁드립니다. 문제 해결을 위한 회의나 상의가 필요하다면 연락 주시기를 바랍니다. 빠른 조치와 답변을 기다리겠습니다.

감사합니다.

××초등학교 학부모 ○○○
연락처: 010-xxxx-xxxx

3장

아이의 사회성 문제, 이렇게 대처하세요

학교생활에서
생기는 문제들

　이번 장에서는 아이가 본격적으로 학교생활을 하면서 발생하는 여러 가지 상황에 대한 대처법을 이야기하려고 합니다. 초등학교 아이들은 모두 사회성 발달이 미숙한 상황이고, 부모가 미처 생각하지 못했던 여러 가지 갈등 상황이 발생할 수밖에 없습니다. 시시때때로 발생하는 문제는 부모에게 많은 걱정과 불안을 줄 수 있지만, 한 고비씩 잘 해결하고 넘어갈 때마다 아이의 경험도 확장되고 사회성도 발달하게 됩니다.

　학교생활에서 발생할 수 있는 사회성 관련된 문제는 크게 세 종류가 있습니다.

　첫 번째는 아이가 반에서 경험하는 또래 관계에서의 문제입니다. 아이가 친구를 잘 사귀지 못하거나 괴롭힘을 당하는 것, 친구를 괴롭히거나 잦은 싸움을 하는 경우 그리고 다른 아이가 괴롭힘을 당하는 정황을 알게 된 경우 등이 이에 해당됩니다.

두 번째는 선생님과 아이의 관계입니다. 아이가 선생님을 무서워하거나 선생님이 자기를 무시당한다고 느끼는 등의 경우가 있습니다. 요즘에는 교실에서 아이가 선생님을 무시하거나 반항하는 경우도 있습니다.

마지막으로 세 번째는 아이의 특성이나 학교생활에 대한 부분입니다. 등교 거부나 수업 시간의 발표 불안, 산만하거나 돌발 행동을 하는 이유로 선생님으로부터 아이의 심리검사 및 상담 등을 권유 받는 경우 등입니다.

어떤 경우든지 가장 중요한 것은 차분하게 상황을 파악하고 가정에서 해야 할 일과 선생님과 학교의 도움을 받을 수 있는 영역을 구분하여 소통하면서 협력하는 일입니다. 이 과정을 보며 아이는 문제에 대한 대처법을 배우게 되고, 부모와 선생님은 아이의 사회성 발달을 위한 최고의 조력자가 될 수 있습니다.

대처법 ❶
친구 사귀기 어려워할 때

초등학교에 입학하거나 새로운 학년이 되어 학급이 바뀌면 아이의 특성에 따라 빠르게 친구들에게 말을 걸고 자신의 영향력을 미칠 수 있는 영역을 확보하는 친구들이 있습니다. 반면에 오랜 시간 관찰하며 상황을 지켜보거나, 또는 친구를 사귀고는 싶지만 낯선 상황에 대한 긴장감으로 시간이 많이 필요한 아이들도 있습니다. 아이가 많은 친구를 빠르게 사귄다고 해서 사회성이 좋다고 볼 수는 없습니다. 친구들을 빠르게 사귀는 것만큼이나 그 관계를 잘 유지하고, 발생하는 문제를 잘 해결하는 것도 포함된 것이 '진짜 사회성'이기 때문이지요. 시간을 들여 관찰하며 느리게 행동하는 아이 또는 낯선 관계에 대한 긴장이 높아 많은 시간이 필요한 아이를 키우는 부모의 마음은 불편하고 조급함을 느낍니다. 특히 새 학기 초에 아이가 친구를 사귀고 적응하기도 다음과 같은 질문은 전혀 도움이 되지 않습니다.

"오늘 새로운 친구 사귀어 봤어?"
"너에게 말 거는 친구 없었어?"
"친구에게 네가 먼저 말을 걸어봐"
"같이 놀자고 끼워달라고 해 봐."
"부끄러울 것 하나 없어. 그냥 하면 되는 거야."
"혼자 있어서 힘들지 않았어?"

이러한 질문이 도움 되지 않은 이유는 아이에게 초조함을 느끼게 만들기 때문입니다. 아이에게 친구가 말을 걸었는지, 끼워줬는지 물어보는 것은 아이를 수동적으로 만드는 말입니다. 또래 관계에서 내가 무언가를 시도하기보다는 친구들이 나에게 먼저 다가오는지 아닌지에 대해 생각하게 만들지요. 또한 아이에게 같이 놀자, 끼워 달라고 말해 볼 것을 계속 권하거나 불편하지 않냐고 묻는 것은 지금 자신의 상황이 문제 있고 조급한 것으로 느끼게 만듭니다. 아이는 자신만의 속도대로 살피고 시도해 보기 위해 노력하고 있는데, 부모의 이런 말이 아이로 하여금 자신의 주도권을 포기하도록 만들 수 있지요.

✧ 부모가 이렇게 해 보세요

직접적으로 또래 관계에 대해 불편하지 않냐, 무언가를 해 보라고 권하기보다는 아이가 이 상황을 어떻게 느끼며 어떤 계획이 있는지 물어보세요. "학교생활은 어때?", "수업 시간이나 쉬는 시간에 특별히 불편한 것은 없어?"라고 아이에게 말해 보세요. 아이가 별다른 문제가 없다고 이야기한다면, 정말 불편함을 느끼지 않거나, 또는 부모에게 문제를 털어놓을 준비가 되지 않았을 수 있습니다. 만약 아이가 "아직 친구를 사귀지 못해서 심심해/불편해/외로워."와 같은 표현을 한다면, 아이가 할 수 있는 행동을 이야기해 볼 수 있습니다. "그래서 너는 어떻게 해 보고 싶어?", "친구를 만들기 위한 너만의 계획이 있어?" 이렇게 아이에게 이야기의 주도권을 주며 아이의 생각을 파악하는 단계를 먼저 가져 보세요. 아이가 어려워한다면 여러 가지 대안을 함께 만들어 볼 수 있습니다.

특히 그중에서 가장 효과적인 방향은 '어떻게 하면 친구들과 자연스럽게 어울릴 수 있을지'에 대해 이야기를 나누는 것입니다. 아이가 먼저 가서 "같이 놀자."라고 직접적으로 말하는 것은 부자연스럽고 부담이 될 수 있지만, 아이가 특정 활동을 하는 친구에게 먼저 다가서도록 하는 것은 자연스럽고 시도하기 쉬울 수 있습니다. 또래 친구들이 관심을 많이 두는 활동은 종이접기, 스티커, 캐릭터 그리기 등이 있습니다. 아이가 쉬는 시간에 종이접기를 하거나 그림을 그리는 활동을 하면 자연스럽게 종이접기나 그림 등의 활동을 매개로 하여 말을 트고 관계가 형성되지요. 반대로 아이가 좀 더 적극적인 의지가 있다면, 종이접기를 잘하는 친구에게 다가가 "나도 그거 하나 접어 줄 수 있어?"라고 대화를 시도하게끔 특정 상황을 지정하여 시도해볼 수도 있습니다. 가장 중요한 것은 아이와의 대화를 통해 이러한 방법이 논의되도록 하는 것입니다.

✣ 선생님과 이렇게 소통해 보세요

아이가 또래 관계를 잘 형성하지 못하는 것 같다면, 학부모 상담 등을 통해 선생님과 의논하는 것도 좋습니다. 그런데 종종 아이의 실제 학교생활은 부모가 걱정할 정도는 아닌 경우도 많습니다. 그래서 우선 선생님과의 대화를 통해 아이의 또래 관계가 어떠한지 전반적인 확인을 하는 것이 필요합니다. 또한 아이가 또래 관계를 형성하는 데 어려움을 호소한다면 적극적으로 이 부분을 선생님과 의논하며 도움을 요청할 수 있습니다.

> "선생님, 아이가 수줍음이 많아 아직도 친구를 사귀는데 어려움이 있는 것 같습니다. 학교생활 중 친구들과 친해질 수 있는 기회를 어떻게 만들 수 있는지 선생님의 도움을 받고 싶습니다."

이런 요청은 아이가 느끼는 어려움을 공유하고 가정에서 부모의 역할을 의논하는 것뿐만 아니라, 아이가 친구를 사귈 수 있도록 기회와 도움을 달라는 요청이 부드럽게 깔려 있습니다. 선생님들의 대다수는 부모의 정중한 부탁과 요청을 그냥 넘어가기보다는 좀 더 염두에 두고 학급을 운영할 확률이 높습니다.

대처법 ❷
반 친구에게
괴롭힘 당하는 것 같을 때

아이가 학급에서 또래로부터 괴롭힘을 당했다는 것을 알게 되면 부모는 너무 걱정되고 화가 날 수 있습니다. 하지만 문제를 잘 해결하고 아이가 자존감을 잃지 않도록 도우려면 그 어느 때보다 신중하고 섬세한 접근이 필요합니다.

먼저 가장 중요한 것은 아이가 이야기하는 상황을 정확하게 파악하는 것입니다. 아이가 실제로 괴롭힘을 당하는 경우도 있지만, 서로 함부로 행동하는 상황이거나 아이가 오해하여 그렇게 느끼는 경우도 종종 있습니다. 제대로 파악하지 않고 문제를 키우게 되면, 오히려 아이의 학교생활이 더욱 곤란해질 수가 있기 때문에 신중하게 문제를 파악하는 과정을 꼭 거쳐야 합니다. 아이가 괴롭힘을 당한다고 이야기한 이유, 그 행동이 일어난 정확하고 구체적인 정황을 파악하는 것이 필요합니다. 시간이 많이 지난 경우에는 아이가 잘 상황을 정확히 기억하지 못할 가능성이 높습니다. 그래서 아이에게 가장 최근에 겪은 일을 물어보는 것이 좋고, 만약 아이가 구체적인 상황을 설명하지 못한다면 아이에게 어떤 상황에서 어떤 이야기나 행동을 어떤 친구가 했는지 잘 기억해 보도록 합니다. 부모의 속은 타고 빨리 이 문제를 해결해서 아이를 안전하게 만들어 주고 싶은 것이 당연하지만, 명확하고 구체적인 상황을 진술할 수 있어야 담임 선생님과 일차적으로 문제를 논의하고 해결할 수 있습니다.

필요하다면 그 상황에 있었던 다른 친구들을 통해서 정보를 추가적으로 얻는다면, 부모가 미처 파악하지 못한 내용을 알 수 있거나, 아이가 진술한 내용에서 혹시 빠져있거나 아이가 잘못 이야기한 부분들이 있는 것을 미리 확인할 수도 있습니다.

실제로 또래 친구들이 아이를 남겨 두고 도망가거나 놀리는 상황이 발생한 적이 있습니다. 이런 상황이 반복되자 당시 아이의 부모님은 상황이 일어났던 장소(학교와 아파트 입구 사이) CCTV를 확인하고, 그 화면에 찍힌 다른 아이들의 이야기를 통해 구체적으로 사건을 파악하여 학교에 문제 해결을 위한 도움을 요청했습니다. 아이의 이야기만 듣고 바로 행동했다면 충분히 설명될 수 없는 부분들에 대해 잘 대응할 수 있었지요.

✧ 부모가 이렇게 해 보세요

아이와 이야기하는 과정에서 중간에 끊거나 감정적인 표현을 하지 않도록 노력하며 끝까지 잘 들어주는 것이 중요합니다. 부모가 너무 염려하는 모습을 보이거나 화를 내는 모습을 보이면 아이는 대화를 하는 것을 주저할 수 있어요. 어떠한 상황이 있었는지 구체적으로 파악하기 위해서는 부드럽고 편안한 상황에서 질문을 하는 것이 좋습니다.

또한 아이는 자신에게 일어난 일을 이야기하면서 친구들에 대한 분노와 슬픔 등의 감정을 표현할 수 있습니다. 또는 자신이 고자질 하고 문제를 크게 만드는 것은 아닐까 라는 두려움과 미안함을 느끼기도 합니다. 그래서 부모는 아이를 지지해 주는 말을 적절하게 해 주는 것이 좋습니다. "이 상황은 너의 잘못이 아니야.", "친구가 미운 마음이 들 수 있어. 엄마 아빠라도 그런 마음을 느꼈을 거야.", "네가 엄마 아빠에게 이야기한 것은 정말 잘한 일이야.", "친구에게 벌을 주기보다는, 네가 제대로 사과를 받고 이 문제를 해결하는 것이 중요해서 그러는 거야.", "엄마 아빠는 너와 의논하면서 문제를 함께 잘 해결하기 위해 질문하는 거야."라고 설명하고 아이의 행동을 지지해 주세요.

✤ 선생님과 이렇게 소통해 보세요

문제가 어느 정도 파악되었다면, 우선 담임 선생님에게 상담 요청을 하는 것이 좋습니다. 간혹 바로 학교폭력심의위원회(학폭위)를 바로 열겠다고 하는 부모들이 있는데, 학폭위는 학교장 자체 해결 과정을 먼저 진행하고, 다음 단계로 고려할 수 있습니다. 학교장 자체 해결은 학교 선생님들이 아이들의 문제를 해결하기 위해 개입하여 상담하고 직접 지도하는 과정입니다. 이 과정은 14일 이내에 반드시 이루어져야 하고, 이 단계에서 적절한 조치가 취해지지 않는다면 학폭위 개최를 요청할 수 있습니다. 그렇기에 아이가 학급 내, 또는 학교 내에서 괴롭힘을 당한 정황이 파악되었다면 가장 먼저 선생님과 상담하며 이 사실을 자세히 알려야 합니다.

"선생님, 저희 아이가 학급 내에서 괴롭힘을 당한 것 같습니다. 이 상황에 대해 선생님께 도움을 요청하고 싶은데, 이야기를 나눌 수 있을까요?"

선생님과의 상담은 전화 통화나 대면으로 진행하는 것이 좋습니다. 문자나 SNS를 통해 일방적인 입장을 먼저 전달함으로써 생기는 불필요한 오해를 막을 수 있고, 상황을 보다 적극적으로 대응하며 해결할 수 있기 때문입니다.

또한 상담할 때 부모의 불편한 마음과 분노를 선생님에게 쏟아내는 경우가 있습니다. 하지만 선생님은 가장 적극적인 도움을 줄 수 있는 사람입니다. 선생님에게 애꿎은 감정을 쏟아내는 것은 불편한 상황만 만들 수 있기에 조심해야 합니다. **상황 이야기를 나눌 때는 부모의 감정보다는 아이와의 대화를 통해 파악한 내용을 정확하게 사실 중심으로 전달하는 것이 좋습니다.** 만약 정확한 정황을 파악하기 어려웠다면, 아이에게 들은 내용을 전달하여 선생님이 구체적인 상황을 파악할 수 있도록 합니다.

"선생님. 아이가 이야기하기를 점심을 먹은 후 쉬는 시간마다 ○○이와 △△이가 놀이에서 아이를 배제하고 다른 친구들에게도 우리 아이와 놀지 말라고 이야기했다고 합니다. 이 문제가 반복되는지 며칠 지켜보며 아이와 대화를 나누었는데 매일 반복되고 있는 문제라 선생님에게 도움을 요청합니다."

"지난주 금요일에 아이가 학교에서 집으로 돌아올 때 울면서 돌아왔어요. 그래서 원인을 물어봤더니 친구들에게 괴롭힘을 당했다고 했습니다. 좀 더 자세하게 파악해 보려고 했는데, 친구들의 잘못을 이르는 것 같아서 불편한지 아이가 더 자세히 이야기하지 않으려고 하네요. 그래서 선생님에게 도움을 요청합니다."

좀 더 구체적으로 파악된 정보가 있다면 기록된 내용을 중심으로 이야기 나눌 수도 있습니다.

"아이가 매일 저녁에 학교에서의 일을 일기로 적는데, 이걸 통해 괴롭힘의 빈도와 내용을 알 수 있었어요."

"아이가 괴롭힘을 당한 날짜와 시간, 그리고 발생한 내용을 정리해왔습니다. 참고로 보시면 좋을 것 같아요."

또한 또래 갈등이나 학교폭력에 대한 학교의 지침이나 문제 해결 과정에 대해 파악하는 대화를 나누어 볼 수도 있습니다.

"학교에서는 괴롭힘 문제를 어떻게 대처하고 있는지 궁금합니다. 제 아이를 보호할 수 있는 방법을 찾고 싶어요."

만약 선생님의 개입으로 인해 어느 정도 문제가 해결된 것 같다면 감사 인사와 더불어 추가적인 요청을 해 볼 수 있습니다.

> "선생님, 저번에 얘기했던 상황에 대해서 아이가 조금 나아진 것 같아요. 당분간은 아이의 상황을 관찰하며 살펴보려고 합니다. 적극적으로 도와주셔서 감사합니다."

> "선생님, 아이가 집에 와서는 이 문제가 더 이상 없는 것처럼 이야기하는데 실제로 정말 괜찮은지 당분간 아이의 행동을 살펴봐 주시면 정말 감사하겠습니다."

문제 해결은 선생님과 부모님의 협력을 기반으로 이루어져야 합니다. 특히 이 과정에서 상대 아이를 벌주거나 부모가 직접 사과하도록 요청하는 것보다는, 아이들이 이 기회를 통해 잘못된 부분을 인지하고 문제 해결에 대한 경험을 우선 고려하는 것이 좋습니다. 선생님의 개입으로 문제가 개선되는지 우선 지켜보고, 시간이 지나면서 문제가 심각해지거나 반복된다면, 보다 적극적으로 개입할 수 있습니다.

대처법 ❸
단짝 친구가 없다고 느낄 때

아이들은 '단짝 친구'라는 개념에 무척 민감합니다. 특히 여자아이들에게는 가족 이상으로 중요하기도 하지요. 초등학교 시기부터 아이의 모든 관심과 에너지가 또래 관계에 집중되고 그 안에서 소속감과 자신감을 얻기에 나와 가장 가까운 친구나 그룹을 중요하게 여기지요. 그래서 아이가 "나는 단짝 친구가 없어."라고 고민을 털어놓으면 부모님은 어떻게 반응해야 할지 몰라 당황하는 경우가 많습니다. 어떤 부모는 혹시 아이가 학교에서 소외감을 느끼거나 은근히 따돌림을 당하는 것은 아닐까 걱정합니다. 하지만 아이의 고민을 대수롭지 않게 여기는 부모도 있습니다. "단짝 없으면 어때 친구들이 두루 두루 친하게 지내는 것이 좋은 거지!" 두 가지 반응 모두 적절하지 않습니다. 단짝 친구가 있고 없는 것보다 아이가 단짝 친구라는 것을 얼마나 중요하게 여기고 있는지, 얼마나 고민하고 있는지를 파악하는 것이 더 중요하기 때문이지요.

✦ 부모가 이렇게 해 보세요

우선 아이의 또래 관계를 객관적으로 파악하는 것이 중요합니다. 어떤 아이들은 친구들과 두루 잘 어울리는데 정말 '단짝'이라고 이야기할 수 있는 친구만 없다고 느끼는 경우가 있습니다. 이런 경우 아이가 친구 관계에 대해 좀 더 넓게 생각할 수 있도록 돕거나, 아이의 마음을 살펴 적절한 도움을 주는 것이 좋습니다. "단짝 친구라는 건 어떤 친구인 걸까?", "단짝 친구가 없어서 마음이 불편하거나 곤란한 적이 있어?", "언제 단짝 친구가 없다고 느꼈어?"와 같이 아이의 상황을 구체화하는 질문을 하면 좋습니다. 막연하게 '단짝 친구가 없어'라고 느끼던 것을 아이 스스로 명료하게 정리하도록 도와주는 좋은 질문입니다. 이런 과정을 통해 아이에게 단짝 친구란 어떤 의미인지, 아이 스스로 자신의 고민을 명확하게 보는 연습이 됩니다.

만약 아이가 좀 더 가깝게 지내고 싶은 친구들이 있는 상황이라면, 아이가 필요한 것을 요청하도록 도와주세요. "특별히 더 친하게 지내고 알아가고 싶은 친구가 있다면 집으로 초대해도 돼."라고 제안하거나, 상대방 친구가 좋아하는 것을 파악해서 보도록 제안해볼 수 있습니다. 아이들은 친구에게 자신의 친밀감을 어떻게 표현하고 이야기를 나누어야 하는지 방법을 잘 알지 못합니다. 이러한 과정을 통해서 좀 더 관계를 가깝게 만드는 자신만의 방법들을 배워 나가게 되는 것이지요.

그런데 간혹 또래 관계가 전반적으로 원활하지 않고 특히 한두 명의 단짝 친구에게 집착하는 아이들이 있습니다. 이런 경우는 아이가 또래 관계에서 목마름을 느끼며 단짝 친구와의 관계에만 몰두합니다. 단짝 친구나 소그룹에서 다툼이 있거나 멀어진다고 느끼면 지나치게 풀이 죽고 학교생활 전반에 대한 어려움을 호소하기도 하지요.

이런 경우에는 아이가 부모와의 관계에서 안정감을 느끼고 있는지 점검해 보는 것이 좋습니다. 부모와의 관계에서 좀 더 일관적인 편안함을 느끼면, 아이가 또래 관계에서 종종 찾아오는 불안정한 변화를 견딜 수 있는 힘이 커집니다.

또한 학교가 아닌 다른 상황에서 '친구를 사귀어 보는 경험', '친구 관계가 확장된 경험'을 갖도록 부모가 상황을 만들어 주는 것도 좋습니다. 소그룹으로 특정 활동이나 체험을 하는 것, 엄마 아빠 친구들 가족과 만나며 다른 친구를 경험해 보는 것 등이 이에 해당합니다.

✣ 선생님과 이렇게 소통해 보세요

제가 상담했던 부모의 아이도 반에서 회장을 하고 친구들 사이에서 인기도 두루 많은 편인데, 정작 아이는 "나는 진짜 친한 친구는 없어."라는 말을 종종했습니다. 심지어 학교에서도 두 명씩 짝을 지을 때 한 명이 남으면 회장이기에 선생님과 짝을 하거나, 또는 특별히 도움이 필요한 친구와 짝을 하도록 요청받기도 했습니다. 아이가 잘해서 맡는 역할이고, 그러한 경험을 통해 아이가 배울 수 있는 것들도 분명 있지만 아이가 불편함을 많이 호소한다면 선생님과 이야기를 상의해 보기 바랍니다.

> "선생님, 아이가 리더십과 책임감을 배울 수 있도록 학급에서 다양한 역할을 맡겨 주셔서 감사하게 생각합니다. 그런데 요즘 아이가 학교에서 친구들을 두루 살펴 주다 보니 정작 자기는 단짝 친구가 없다는 말을 종종 합니다. 아이의 학교생활에 대해 궁금합니다."

이런 대화는 '아이를 도와달라', '역할을 조절해 달라'라는 직접적인 요청은 없지만, 아이가 겪는 마음을 자연스럽게 공유함으로써 선생님이 다시 한 번 상황을 고려하게끔 만드는 효과가 있습니다. 이렇게 간단히 아이의 마음을 공유하고 도움을 요청하는 것만으로도 아이의 상황을 전달할 수 있습니다.

또한 만약 앞서 이야기한 경우처럼, 아이가 특정 친구 몇 명에게 몰두하는 모습을 보인다면 학교 내에서 자연스러운 기회가 생기도록 도움을 요청할 수 있습니다.

"아이가 단짝 친구인 ○○이와의 관계에 지나치게 몰두하는 모습이 자주 보여 의논드리고 싶습니다. 혹시 아이가 다른 친구들과는 관계가 어떠한지, 아이의 사회성이 전반적으로 괜찮은지 알고 싶은데 대화를 나눌 수 있을까요?"

"선생님, 아이가 학교생활 내에서 단짝 친구 외에 다른 친구들과 관계를 맺는 경험을 할 수 있도록 도움 주실 수 있을까요? 모둠활동이나 체육 등을 할 때, 자연스럽게 다양한 아이들과 팀이 되고 섞이는 경험을 하는게 좋을 것 같아 연락드립니다."

이 과정에서 선생님과 대화를 나눌 때는 '우리 아이의 교우관계를 선생님이 책임져 주세요.'라고 하기 보다는 '아이에 대한 정보를 파악하고 도움을 주고 싶은데 그 과정에서 선생님의 의견과 도움이 필요하다.'라는 관점으로 선생님과 이야기를 나누는 게 좋아요. 이렇게 진솔한 대화를 통해서 아이의 어려움을 파악하고, 선생님은 이 문제를 해결하기 위해 공통된 관심사를 가진 아이들과 연결하거나, 다양한 그룹 활동에 참여할 수 있도록 잘 독려해 주실 거예요.

대처법 ❹
다른 친구를 괴롭혔을 때

　부모는 학교 내 갈등 상황에 대해 생각할 때 우리 아이가 피해자가 되는 경우를 더 많이 가정하고 대처 방법을 알아두려고 합니다. 우리 아이가 다른 친구를 괴롭히거나, 따돌리는 상황에 대해 생각해 보는 경우는 거의 없지요. 그래서 아이가 다른 친구를 괴롭히거나 때렸다는 소식을 듣게 되면 무척 놀라고 당황합니다. 처음에는 부인하거나 선생님이 상황을 잘못 판단했을 수도 있다는 생각하지요. 또한 아이가 왜 그런 행동을 했는지 의아하거나 실망스러운 마음이 들 수도 있고, 부모인 내가 무언가를 놓치거나 잘못했나 하는 생각이 들 수도 있습니다. 하지만 아이가 다른 친구를 괴롭힌 정황이 맞는다면,

아이에게 이 기회를 통해 잘못된 것을 배울 수 있도록 해야 합니다.

✤ 부모가 이렇게 해 보세요

우선 아이가 다른 친구를 괴롭혔다는 연락을 받으면 너무 화가 나고 당황스러운 나머지 감정적으로 아이를 다그치거나, 빨리 문제를 수습하는 것에만 급급할 수 있습니다. 하지만 먼저 아이가 상황에 대해 스스로 설명하도록 해야 합니다. 이 과정에서 아이에게 다른 친구를 괴롭히는 행동을 하도록 만든 다른 숨은 이유가 있는지 혹은 아이가 감추기 위해 부모에게 거짓말을 하는지 등의 상황을 파악할 수 있습니다.

초등학교 때 친구를 괴롭히는 행동이 발견되었다면, 아이에게 제대로 가르쳐야 하는 중요한 기회입니다. 처음한 행동이라면 아이는 그것을 괴롭힘이라고 인지하지 못했거나 자신이 느끼는 싫은 감정이나 공격성을 상대적으로 약한 친구에게 분출하는 경우가 많습니다. 그렇기에 이 상황을 통해서 다른 사람에게 함부로 해서는 안 된다는 것, 그렇게 행동하는 것은 괴롭힘에 해당하고 이러한 행동을 반복하면 어떠한 벌을 받고 어떤 결과로 이어지는 지를 분명히 알려 주어야 합니다.

"너는 그 친구와 놀고 싶지 않았을 수 있어. 하지만 그건 너의 마음일 때만 괜찮은 거야. 네가 다른 친구들에게 그 아이랑 놀지 말라고 말하는 순간 그건 따돌림이 되고 괴롭힘이 되는 거야. 이번에는 친구에게 사과하고 선생님과 이야기하고 끝날 수 있지만, 다시 한 번 이런 일이 반복되면 학교폭력심의위원회가 열리고 큰 벌을 받을 수도 있어."

초등학교에서 학교 폭력 예방 교육을 하기는 하지만, 아이는 자신이 무심결에 한 행동이 학교 폭력이 될 거라고 연결하지 못하는 경우가 많습니다. 그래서 상황이 발생했을 때 놓치지 않고 분명하게 말하는 것이 필요하지요. 그리고 가능한 아이가 상대방에게 직접 사과할 기회를 갖도록 선생님께 도움을 요청하는 것이 필요합니다.

✣ 선생님과 이렇게 소통해 보세요

아이가 다른 친구를 괴롭혔고 문제가 생겼다 해도, 선생님은 여전히 각각의 상황에 놓인 아이들에게 맞는 교육을 하기 위해 노력합니다. 그래서 아이가 이번 기회를 통해 분명하게 배우고 같은 잘못된 행동을 반복하지 않도록 하고 싶다는 부모의 의지를 전달하는 것이 필요합니다. 부모가 아이의 잘못된 부분을 깨닫도록 도와달라고 요청하면 선생님도 애정을 가지고 아이를 더욱 잘 지도할 수 있기 때문입니다.

> "선생님, 아이가 그 친구가 불편하고 싫은 나머지 다른 친구들에게도 놀지 말라고 이야기한 것 같습니다. 아이는 이러한 행동이 따돌리고 괴롭히는 것이라고 충분히 인지하지 못했던 것 같아요. 아이에게 잘못된 행동이라는 것을 이야기하고, 최선을 다해 가정에서 가르쳤습니다. 그러니 아이가 잘못된 행동을 반복하지 않도록 지도 부탁드립니다."

또한, 아이가 다른 친구를 괴롭힌 것은 분명하므로 이 문제를 잘 해결하는 것이 중요합니다. 이 과정에서 부모들끼리 부딪히는 것보다는 선생님이 중간에서 잘 중재하며 아이들이 잘 배우는 기회가 되도록 도와주시는 것이 중요합니다. 아이가 사과하는 것을 배우고, 상대방 아이는 사과를 잘 받는 경험을 하도록 도움을 요청하세요.

> "선생님, 아이가 이번 상황을 통해 자신의 실수를 인지하고 잘 사과하는 것을 배울 수 있었으면 합니다. 여러 가지로 복잡한 상황을 겪게 해서 죄송하고, 상대방 친구에게 잘 사과하도록 도와주세요."

"선생님, 제가 상대방 아이 부모님에게 따로 연락을 드리지 않아도 괜찮을까요? 필요하다면 제가 사과를 드릴 수 있도록 도와주시면 감사하겠습니다."

아이가 다른 친구를 괴롭힌 것은 분명 큰 문제이지만, 어떻게 대처하는가에 따라 앞으로의 아이 행동이 달라질 수 있습니다. 부모가 인정하고 문제를 해결하며 사과하는 모습을 보여 주는 것도 아이에게는 큰 배움이 됩니다. 학교와 부모의 협력은 단순한 정보 교환을 넘어서, 아이의 사회적 및 정서적 성장을 지원하는 전반적인 환경을 조성하는 데 중요한 역할을 합니다. 부모와 선생님이 긴밀하게 협력할 때, 아이에게 일관된 상호 작용이 가능해지고, 이는 아이가 건강한 사회적 상호 작용을 배우고 실천하는 데 도움이 됩니다. 더불어 아이가 심리적으로 어려움이 있거나 공격성이 두드러지는 것 같다면, 학교 안팎에서 받을 수 있는 도움을 요청하는 것도 좋습니다. 학교 내 상담실 또는 지역 사회 내 청소년상담센터 등의 지원이 있습니다.

대처법 ⑤
같은 반 친구가 소외되고 있다는 것을 알았을 때

아이와 학교생활 이야기를 나누다 보면 학급에서 어떤 아이가 소외되고 있거나 괴롭힘을 당하고 있는 것을 알게 되는 경우가 있습니다. 학교생활에 대해 부모에게 조잘조잘 잘 이야기하는 아이라면, 다른 친구들끼리의 싸움이나 주고받는 이야기까지 자세하게 알게 되는 경우도 많지요. 저도 초등학생 아이를 키우는 부모이고, 아이가 학교생활에 대해 자주 이야기하는 편이기 때문에 비슷한 상황을 경험한 적이 있습니다. 아이의 이야기를 듣다 보니 특정 아이가 자꾸 소외되는 것 같다는 정황이 포착되더라고요. 그럴 때 부모로서 정말 많은 생각이 들고 혼란스러운 마음이 들었습니다. '괜히 내 아이가 고자질하는 아이처럼 되어 피해를 보지는 않을까? 너무 쓸데없는 오지랖 아닌가?' 하는 생각도 듭니다. 다른 한편, 결국 우리 아이도 함께 어울리며 배우는 상황인데 아이들이 잘못된 행동을 하고 있다면 선생님이 알고 계셔야 하는 것은 아닌가 하는 생각도 들었습니다.

특히 저학년 학급에서는 종종 의도치 않은 괴롭힘이 발생하곤 합니다. 의도치 않았다고 해서 잘못이 아니라는 것은 아닙니다. 처음 발생했을 때 무엇이 잘못된 행동인지 정확하게 배우는 것이 중요합니다. 특히 괴롭힘의 의도가 없고 잘못인지 몰랐다면 적절한 지도를 받고 배워야 합니다. 사소하게 시작되었던 행동이 심각한 학교폭력으로 반복되며 가해 학생이 피해 학생을 만들고 다시 피해 학생이 가해 학생이 되는 악순환을 만들기 때문입니다.

✤ 부모가 이렇게 해 보세요

우선 아이가 나에게 그러한 사실을 털어놓았다는 것을 주의 깊게 생각해 볼 필요가 있습니다. 아이의 입장에서는 단순하게 상황을 엄마에게 공유하는 것일 수도 있지만, 아이가 그 상황을 보는 것이 불편해서 보내는 도움을 요청하는 신호일 수도 있습니다. 아이의 이야기를 좀 더 자세히 들어보는 것이 필요하겠지요? 다만 너무 세세하게 물어보거나, "너는 그때 뭐 했니? 똑같이 행동했어?"라고 추궁하듯 물어보면 아이는 불편함을 느끼고 방어할 수 있습니다. 따라서 아이가 교실 내 상황을 이야기한다면, "그래서 그 친구(소외된 친구)는 어때 보였어?", "그 친구는 뭐라고 말했어?"처럼 해당 아이의 반응을 물어보는 것이 중요합니다. 해당 아이가 어떻게 반응했느냐에 따라 단순 갈등이나 싸움인지, 일방적으로 소외되거나 괴롭힘을 당하는 것인지 추측해 볼 수 있기 때문이에요. 또한 구체적으로 어떤 시간에, 어디에서 발생한 일인지 부드럽게 물어보며 파악하는 것이 좋습니다. 그래야 이 상황에 대해 선생님에게 살펴보실 것을 요청할 수 있어요. 아이의 느낌이나 감정보다는 구체적인 사실에 집중해서 너무 과도한 반응을 보이기보다는 담백한 대화체로 확인해야 합니다.

그다음으로는 아이에게 엄마 아빠가 어떤 도움을 주길 원하는지 물어보는 것도 좋습니다. 아이가 특별한 도움을 요청한다면 참고할 수 있고, 만약 그렇지 않다면 이 문제에 대해 선생님에게 이야기해 보는 것은 어떤지 같이 의논해 보세요. 아이에 따라서는 이 문제를 선생님이 알게 되고 친구들이 모두 곤란한 상황에 빠지는 것을 걱정할 수도 있습니다. 이런 경우, 선생님에게 이야기할 경우, 네가 불편한 마음이 들 수 있지만 선생님은 우리 반을 운영하고 아이들에게 공부뿐만 아니라 서로 잘 지내는 것에 대해 가르치는 분이기 때문에, 네 이야기는 고자질이 아니라 친구들 모두에게 도움이 되는 일이라고 설명해 주는 방법도 있습니다.

✤ 선생님과 이렇게 소통해 보세요

물론 학급 내 일어나는 괴롭힘을 알게 되었다고 해서 부모가 선생님에게 꼭 알려야 하는 의무가 있는 것은 아닙니다. 다만 초등학교 시기 아이들은 그 어느 때보다 환경의 영향을 많이 받습니다. 학급 내에서 일어나는 일은 우리 아이가 포함되어 있는 일이 아니라고 해서 남의 일이 되는 것은 아닙니다. 학급 내에서 함께 어울리며 이 상황을 경험하고 있는 아이에게 고스란히 영향을 주게 되지요. 반 전체 아이들을 위해서도 필요한 개입이지만, 그 무엇보다 우리 아이를 위해 가장 필요한 개입이기도 합니다.

만약 부모가 이 상황에 대해 선생님에게 공유해야겠다는 생각이 들었다면 아이를 통해 파악된 객관적인 정보들을 중심으로 간단하게 정리하여 선생님이 이 상황을 알고 계시는지 질문하는 형태로 공유하면 좋습니다.

"선생님, 아이를 통해 반에서 ○○이라는 아이가 친구들에게 계속 놀림을 당하고 소외된다는 이야기를 여러 차례 들었습니다. 조심스럽지만 모든 아이들을 위한 일이라고 생각해서 선생님께 공유합니다."

"지난 금요일 방과 후 운동장에서 아이들이 놀다가 ○○이라는 아이가 여러 아이에게 공격받고 속상해서 집으로 갔다는 이야기를 들었습니다. 아이들이 놀다가 가볍게 발생한 갈등일 수도 있지만, 아이를 통해 파악해 보니 전부 우리 반 아이들 같아서 선생님이 알고 계시는 것이 맞을 것 같아 이렇게 연락드립니다."

이러한 사실을 선생님에게 전달할 때 혹은 내가 나서서 상황을 더 복잡하게 만드는 것은 아닐까 하는 염려를 가지실 수 있습니다. 하지만 이것은 단순하게 상황을 고자질하는 것이 아니라, 아이들 간의 문제를 선생님이 잘 파악하고 대처할 수 있도록 정보를 전달하는 목적이 큽니다. 또한 아이들이 건강한 사회적 관계를 배워야 하는 학교 안에서 누군가를 소외시키거나 방관하는 사람으로 남는 경험 또한 아이들에게 좋은 배움이 될 수 없습니다. 이러한 경험을 통해 우리 아이들 모두 다른 사람이 어려움을 겪고 있을 때 올바른 방식으로 문제를 해결한다는 것을 배울 수 있습니다.

대처법 ❻
고자질을 자꾸 해서 미움받을 때

　대다수의 아이는 어른들에게 이르는 행동을 많이 합니다. "엄마 언니가 나 놀렸어요!", "아빠~ 형이 나 때려요." 가정 내에서도 고자질하는 경우를 많이 볼 수 있지요. 교실에서도 마찬가지입니다. 우리 아이만 그런 것이 아니라 정말 많은 아이가 선생님에게 와서 고자질합니다. 특히 아이들 간의 갈등이 많이 일어나는 상황은 보통 쉬는 시간이나 점심시간 직후인데, 잠시도 쉬지 않고 찾아와 고자질하는 아이들이 많다 보니 선생님들은 늘 정신이 없습니다. 이렇듯 흔한 행동이기는 하지만 초등학생인 아이가 자꾸 고자질하는 패턴이 보이면 부모로서는 걱정이 됩니다.

우선 아이가 왜 고자질하는지 그 이유에 대해 생각해 볼 필요가 있습니다. 아이는 아직 내가 상대방에게 무엇을 원하는지 잘 모르는 경우가 많고, 그것을 알더라도 상대방이 받아들일 수 있는 방식으로 표현하기 힘듭니다. 그렇다보니 어떤 문제가 발생했을 때 내가 직접 해결하기보다는 우리보다 절대적인 힘을 가진 어른(부모나 선생님 등)에게 이르고 도움을 받는 것이 더 빠르고 좋다고 생각하게 됩니다. 또 어떤 아이들은 규칙을 잘 지키는 것이 중요하다고 생각하기에, 규칙을 어기는 친구를 발견하고 부모나 선생님에게 이야기함으로써 인정받고 싶어하기도 합니다. '나는 혼나는 행동을 하지 않았어!'라는 상대적 우월감을 느낄 수도 있지요. 아이가 하는 고자질 이면에는 이러한 이유가 숨겨져 있기에, 아이의 고자질에 즉각적으로 반응하여 문제를 해결하기보다는 다소 귀찮고 복잡한 과정이더라도 아이에게 문제를 해결하는 방식을 가르치는 것이 필요합니다.

✣ 부모가 이렇게 해 보세요

문제 해결 방법을 가르치고 연습할 수 있는 곳은 학교보다는 가정에서 시작되어야 합니다. 학교에서는 사회성이 미숙하고 고자질하는 아이들이 너무 많아서 매번 선생님이 아이들 한 명, 한 명에게 개별적인 개입을 할 수 없습니다. 그래서 아이가 고자질하지 않고 문제를 해결하는 방법을 가정에서 배우고 연습하는 것이 확실한 변화를 가져올 수 있습니다.

먼저 고자질하는 아이의 마음에는 기대하는 목표 행동이 있습니다. 예를 들어 '동생이 안 때렸으면 좋겠다.', '누나가 내 장난감을 안 만졌으면 좋겠다.' 등의 원하는 행동이 있지요. 하지만 이 부분을 스스로 깨닫지 못하는 경우가 많습니다. 그래서 상대방이 하는 행동을 부모에게 와서 이르고 대신 이 상황을 해결해달라고 요청하게 되는 것이지요.

고자질을 멈추게 하기 위한 첫 단계는 아이가 원하는 것을 깨닫게 하는 것입니다. 아이가 와서 고자질하면 아이에게 질문해야 합니다. "그래서 ○○이는 누나가 어떻게 해 줬으면 하는 거야?", "○○이는 동생이 무엇을 안 했으면 하는 거야?" 즉 고자질 하는 행동 뒤에 있는 '진짜 원하는 상황'을 깨닫고 말할 수 있도록 해야 합니다.

그렇게 하고 나면 아이가 원하는 그 상황을 직접 해결해 보도록 권할 수 있습니다. "그러면 ○○이가 누나에게 가서 내 장난감을 만지지 말라고 이야기해 봐." 이렇게 아이가 직접 문제를 해결할 수 있게 방법을 제안하는 것이지요. 그런데 여기서 가끔 이런 반응이 이어집니다. "내가 이미 말했는데 안

들어 줘!", "그렇게 말했는데 소용없어!" 하지만 아이가 실제로 어떻게 말했는지 상황을 살펴보면 아이의 표현 방식이 잘못된 경우가 많습니다. 공격적으로 "내꺼야! 아아!" 이렇게 소리를 지르거나 화내고 도로 빼앗는 등 상대방의 협조나 변화를 바라기 어려운 방법을 사용하는 것이지요. 가정에서 개입하면 효과적이고 좋은 이유가 여기에 있습니다. 아이가 적절한 방식으로 직접 해결하게끔 돕고, 그 문제가 실제로 해결되도록 부모가 상황을 만들 수 있기 때문입니다.

만약 형제자매가 없다면 아이들이 함께 모여 놀이할 때 같은 방법을 적용해 볼 수 있습니다. 고자질하지 않고 직접 표현하는 것, 그리고 상대방이 요청할 때 받아들이고 행동을 조절하는 것을 서로 주고받으면 연습할 수 있기에 더욱 좋지요. 나의 욕구를 깨닫고 바른 방식으로 말하는 것 그리고 이 방법이 가져오는 성공경험이 이어져야 고자질이 아닌 다른 방법을 선택할 수 있게 됩니다.

✣ 선생님과 이렇게 소통해 보세요

가장 먼저 해야 하는 것은 아이가 학교생활에서 실제로 많은 고자질을 하고 이것이 문제가 되는지를 파악해야 합니다.

부모님은 아이의 실제 또래 관계를 알기보다는, 아이의 이야기나 평소 가정에서의 행동을 통해 상상하며 걱정하는 경우가 더 많습니다. 부모가 정말 걱정하는 아이도 실제로는 부모의 생각보다 잘 조절하며 학교생활을 합니다. 그래서 아이의 또래 관계가 어떠한지, 고자질하는 행동을 많이 하지는 않는지 염려가 되는 부분에 대해 학부모 상담 등을 통해 확인해 보시길 권합니다.

> "선생님 아이의 학교생활 이야기를 듣다 보면 너무 선생님에게 친구들이 하는 잘못에 대해 고자질하는 것은 아닌가 걱정이 됩니다. 아이가 고자질해서 또래 관계에서 문제가 발생하고 있지는 않은지 부모로서 걱정됩니다."

또한 가정에서 아이의 고자질에 대해 어떻게 반응하고 지도하고 있는지를 자연스럽게 공유하고, 학교에서도 아이의 고자질에 대해 스스로 문제를 해결하게끔 도와주시길 요청해 볼 수 있습니다.

> "가정에서는 아이가 고자질하면 원하는 것을 다시 이야기해 보게 하고, 직접 당사자에게 가서 문제를 해결하게끔 지도하고 있습니다. 아직은 어려워하지만 그래도 처음보다 많이 좋아지고 있어요. 혹시 학

교에서도 선생님에게 고자질을 너무 많이 하면, 아이가 스스로 해결하게끔 기회를 주실 수 있을까요?"

부모는 아이가 미움 받지 않게끔 문제를 미리미리 막아주고 싶습니다. 그런 마음이 드는 것은 당연하지요. 하지만 아이는 이러한 경험을 통해 배우고 조정해 나가는 부분이 많습니다. 아이에게 필요한 부분을 잘 가르치되, 아이의 미숙함에 대해 너무 초조해하거나 다 막아 주려고 하는 태도는 자제하는 것이 좋습니다.

대처법 ❼
친구들의 요구를 거절하지 못하고 끌려다닐 때

　자기 마음대로 하려고 하거나 고집스러운 특성을 가진 아이들도 있지만, 한편으로는 친구들에게 잘 거절하지 못하고 끌려다니는 듯한 모습을 보이는 아이들도 꽤 많습니다. 이런 아이들은 눈에 띄는 문제를 일으키지는 않기 때문에 두루 잘 어울리고 사회성이 좋아 보이는 것처럼 느껴질 수 있지요. 자기 의견을 강하게 내세우기보다는 전체적으로 모두가 좋고 편안한 상황으로 맞춰 행동하려고 하는 평화주의자이기도 합니다. 하지만 내 아이가 이런 성향이라면 바라보는 부모의 마음은 무척 답답하고 걱정될 수밖에 없습니다. 특히 요즘은 학교폭력이나 또래 관계에서 발생하는 일들이 심각한 경우도 많다 보니, 친구들에게 너무 휘둘리거나 만만하게 보여 무시당하지 않을까 하는 우려도 생기지요. 이런 특성을 가진 아이들은 단순히 사회성이 부족하다고만 표현할 수 없습니다. 아이의 타고난 기질적 특성이 타인의 감정이나 욕구, 인정 등에 민감하고, 친밀한 관계나 소속감에 대한 욕구가 많을수록 거절하지 못하고 맞춰 주는 행동이 나타날 수 있습니다. 그래서 아이가 가진 특성을 파악하고, 필요한 부분을 많이 연습할 수 있도록 가정과 학교에서 호흡을 맞추어 도와주는 것이 매우 중요합니다.

✤ 부모가 이렇게 해 보세요

먼저 아이는 자신이 원하는 것을 인지하고 표현하는 것을 연습해야 합니다. 그렇다고 답답한 마음에 아이에게 바로 "너도 싫으면 싫다고 말해."라고 지적하며 강요하는 것은 피하는 것이 좋습니다. 아이는 보통 '나는 친구가 하자는 대로 하기 불편하다.'라는 자신의 감정까지 닿지 않는 경우가 많기 때문입니다. 따라서 "엄마 아빠는 네가 아까 다른 걸 하고 싶어 하는 줄 알았어. 아니었니?", "아까 친구랑 놀면서 불편한 것은 없었어?"라고 질문해 주는 것부터 시작해 주세요. 아이가 별로 불편하지 않았다고 이야기하면 "그렇구나, 혹시 다음에는 네가 더 하고 싶은 것이 있어서 아쉬운 마음이 들면 말해 줘" 정도로 마무리해도 좋습니다.

그리고 나서 아이가 선택하는 경험을 자주 하도록 가정에서 도와주면 좋습니다. 모든 것에 대해 선택권을 주기는 어렵지만 당당하게 선택할 수 있는 자리를 마련해 주는 것이 필요합니다. 예를 들어 '○○이의 시간' 등을 지정하여 아이가 자유롭게 활동을 선택하고, 나머지 구성원이 따라주는 규칙을 추천합니다. 일주일에 하루, 2~3시간으로 한정해도 되고, 한 달에 한 번 토요일 오후 등으로 정해도 좋습니다.

또한 아이는 '거절'을 경험해 보아야 합니다. 내가 거절당하는 것보다 내가 거절해 보는 것이 더 효과적입니다. 아이가 또래 관계에서 거절을 잘하지 못하면 실제 상황처럼, "싫어, 난 안할 거야."라고 소리 내어 연습시키는 경우가 있습니다. 물론 안 하는 것보다는 도움이 되겠지만, 실제 상황에서 아이가 실행할 가능성은 매우 낮습니다.

아이는 거절해 보고 그 거절이 잘 수용되는 경험을 반복적으로 해야 합니다. 그리고 거절하기를 가장 안전하게 연습할 수 있는 상황은 부모와 아이의 관계입니다. 물론 그렇다고 해서 아이에게 언제나 거절할 권리를 주라는 말은 아닙니다. 아이가 거절해도 되는 상황일 때 아이에게 말해 주세요.

주말 오후 가족이 잠깐 나갈까 말까 고민하는 상황이라

면 중요하지 않은 문제에 대해 아이에게 권한을 줄 수 있습니다. "이 문제는 네가 거절할 수 있어. 네가 원하지 않으면 나가지 않을 거야."라고 말예요. 어쩌면 아이는 "정말 싫다고 해도 돼?"라고 말할 수도 있어요. 그렇다면 더욱 좋은 기회입니다. 아이에게 거절할 수 있다고 다시 이야기해 줄 수 있으니까요. 아이가 가정에서 거절해 보는 경험을 하면, 밖에서도 거절할 수 있습니다. 더불어 '거절' 그 자체가 상대가 싫어서가 아니라 원하는 것을 표현하는 행동이라는 것을 경험하고 나면, 다른 사람이 아이의 제안을 거절할 때 받는 상처도 줄어들게 됩니다.

아이는 거절당하는 것에 취약합니다. 거절당했을 때 상처받기도 하고, 거절당할까 봐 말하지 못하는 경우도 많습니다. 그래서 아이에게 거절할 수 있는 기회를 주듯 적당히 거절당하는 연습도 가정 안에서 하는 것이 필요합니다. 먼저 직접적인 거절보다는 아이에게 설득하는 기회를 한 번 더 준다는 개념으로 접근해 보길 권합니다. 예를 들어, 아이가 "엄마 아빠 나 ○○하고 싶어요."라고 요청했고, 충분히 허락할 수 있는 상황이라는 전제하에 바로 "그래."라고 대답하지 않고 약간의 거절을 담아 기회를 줍니다. "음. 글쎄, 꼭 ○○하고 싶은 이유를 이야기해서 엄마 아빠를 설득해 줄래? 그러면 한 번 더 생각해 볼게."라고 말입니다. 그러면 아이는 상대방이 꼭 '맞아,

아니야'로 대답하는 것이 아니라, 내가 설득함으로써 결과를 바꿀 수 있다는 새로운 관점을 갖도록 도와줍니다. 친구에게 거절당했을 때 속상해 하는 아이를 위로하고 공감하는 것도 중요하지만 가정 안에서 거절하고 거절당하고 설득하는 연습을 통해 아이가 자기표현을 하고 거절을 극복하는 힘이 생겨납니다.

✣ 선생님과 이렇게 소통해 보세요

아이가 친구에게 거절하지 못하고 끌려다니는 것처럼 보인다면 학교보다는 가정에서의 노력이 우선 진행되어야 합니다. 교실 안에는 너무 다양한 특성을 가진 아이들이 많고, 아이가 개별적으로 한 명 한 명과 상호 작용 했을 때 상대방 아이가 보이는 행동을 예측하기 어렵기 때문입니다. 가정에서 선택하고 거절하며, 거절당하고 설득하는 연습이 충분히 되어야 자연스럽게 또래 관계에서 힘을 가지고 발현됩니다. 하지만 가정에서의 이런 노력과 연습이 이루어지고 있다면, 선생님에게 해당 고민을 상담하고 적절한 도움을 요청할 수 있습니다.

"선생님, 아이가 친구들에게 싫다는 말을 잘 못하고 많이 끌려다니는 것 같아 부모로서 우려가 됩니다. 아이도 집에 와서 가끔 불평하고 짜증을 내기도 해요. 가정에서 아이가 자기표현을 하고 거절하고 선택하도록 도움을 주고 있는데, 학교에서도 혹시 기회가 된다면 아이가 자기표현을 많이 할 수 있도록 도움을 요청드리고 싶어요."

"아이가 유독 ○○이와 함께 놀 때 즐거워하는데, 자기 생각을 이야기 못하고 그냥 따라가는 것 같아요. 잘 놀고 좋은 점을 많이 가진 친구이지만, 혹시 수업 시간 중 모둠활동을 하거나 발표수업을 할 때 아이가 다른 친구들과도 다양하게 상호 작용하고 자기 생각을 주장하는 기회를 주실 수 있을까요?"

이러한 표현을 통해 직접적으로 선생님의 도움을 적극 요청할 수 있습니다. 선생님이 우리 아이만 챙겨 줄 수는 없지만, 고려할 수 있는 상황에서는 아이가 자기 생각을 이야기하도록 권하고 격려와 칭찬해 준다면 가정에서 하는 노력이 좀 더 효과적으로 힘을 발휘할 수 있겠지요. 아이마다 자신의 특성에 따라 배우고 연습해야 하는 영역이 있지요. 가정에서 부모님들이 하는 노력이 좀 더 효과적으로 아이에게 영향을 줄 수 있도록 선생님과 솔직하게 이야기 나누는 것을 권해드립니다.

대처법 ❽
학교 가기 싫다고 등교 거부를 할 때

아이가 등교를 거부한다면 다양한 원인이 있을 수 있습니다. 초등학교 생활은 학습의 양이 늘어나고 지켜야 할 규칙도 많습니다. 발표나 받아쓰기, 단원평가 같은 모든 과정이 아이에게는 부담이 될 수 있지요. 아이가 낯선 상황에 대한 두려움과 긴장이 높은 기질의 아이라면 학교가기 싫다는 표현을 매 학년, 매 학기 그리고 긴 휴일이 끝나고 다시 등교해야 할 때마다 반복할 수 있습니다.

또 부모가 모르는 어떠한 일이 발생하고 이로 인해 아이가 학교 가는 것을 거부할 수 있습니다. 예를 들어 친구들 관계에서 갈등이 생겼거나, 놀리거나 괴롭히는 친구가 있거나 또는 다른 친구들이 시끄럽거나 자주 싸우고 혼나는 상황 자체가 불편한 이유가 될 수 있지요. 감각이 민감한 아이는 아이들이 밀집된 시끄러운 분위기와 다양한 감각적 자극들(큰 소리, 음식 냄새 등)이 불편할 수 있습니다. 아이가 학교에 가기 싫어하는 것 자체를 심각한 문제로 삼기는 어렵습니다. 다만, 그 이유가 무엇인지를 잘 파악하는 과정이 반드시 필요합니다.

✢ 부모가 이렇게 해 보세요

아이가 등교를 거부할 때 가장 중요한 것은 부모가 지나치게 불안해하거나 휘둘리지 않으면서 원인을 잘 파악하는 것입니다. 부모가 아이의 상황은 파악하지도 않고 그저 학교는 가야 하는 곳이니까 가야한다는 메시지로 밀어붙이면, 혹시 아이에게 생겼을지도 모르는 문제를 놓칠 수 있고 아이는 누구의 도움도 받을 수 없습니다. 등교에 대한 불안과 두려움이 심해지면 강한 학교 거부로 지속될 수 있기에 초기에 아이의 상황을 잘 파악해야 합니다. 하지만 반대로 아이의 거부에 지나치게 휘둘릴 필요도 없습니다. 부모가 불규칙하게 결석을 허용하거나, 무조건 아이의 감정만 받아 주게 되면 아이는 스스로 해결하고자 노력할 필요를 느끼지 못하고 명확한 중심이 없어 더욱 불안과 두려움이 커질 수 있습니다.

　우선은 아이의 일상생활과 컨디션을 안정감 있게 유지하는 것이 중요합니다. 아이의 신체가 피곤하지 않은 상태에서 예상되는 다른 이유가 있는지 살펴봐야 하기 때문입니다. 아이의 에너지 수준에 비해 과하게 학원이나 주말 활동이 이루어지고 있다면 활동을 조금 줄이고 아이가 일정한 시간에 먹고 취침하며 여유 있게 일어나도록 '일상의 시계'를 먼저 잡아 주세요. 아이가 피곤하고 시간에 쫓기면 학교에 가는 것이 더 부담되고 싫을 수 있기 때문입니다.

　만약 아이가 학교라는 공간에 대한 막연한 불안함을 느끼는 것이라면 아이가 안정감을 느낄 수 있는 물건을 가져가 보는 것도 좋습니다. 학급 운영이나 규칙에 어긋나지 않도록 아끼는 조그마한 인형을 가방에 장식으로 달아 가거나, 가장 좋아하는 책을 가지고 다니는 것도 좋습니다. 제가 상담했던 아이는 학교에서 새 학기 쉬는 시간에 겪는 어색함과 불편함 때문에 등교하는 것을 너무 싫어해서, 아이가 엄마와 잘 읽은 그림책을 매일 아침 고르고 가방에 넣어가기도 했습니다. 별것 아닌 듯하지만 아이에게는 심리적으로 안정감을 줄 수 있는 좋은 방법 중 하나입니다.

　간혹 선생님이 무서워서 학교에 가기 싫다고 하는 아이들도 있습니다. 선생님이 조금 엄하게 학급을 운영하는 경우도 있지만, 실제로 전혀 그렇지 않은데 아이의 인정욕구가 많거나 사회적 민감성이 높아 선생님의 낮고 분명한 말투나 표정에 쉽게 위축되는 경우도 종종 있습니다. 이런 경우 아이에게 엄마 아빠도 비슷한 경험이 있었다고 공유하며 공감해 줄 수도 있고, 처음에 무섭다고 느꼈지만 시간이 지나면서 좋았던 선생님들에 대한 경험을 다시 꺼내어 생각해 보도록 도와주는 것도 좋습니다.

✣ 선생님과 이렇게 소통해 보세요

먼저 아이가 등교를 거부하는 상황 자체를 초반에 선생님께 빠르게 공유해 주는 것이 좋습니다. 아이가 등교거부를 하는 빈도는 어떠한지, 그 강도는 어느 정도인지를 구체적으로 공유해야 선생님도 학교적응에 필요한 적절한 도움을 줄 수 있습니다. 선생님들은 아이들이 등교를 거부하는 다양한 이유도 많이 알고 있어 부모가 알아차리지 못한 부분을 이야기할 수도 있습니다. 다만 이를 확인하고 공유하는 과정에서 "아이가 학교 가는 것을 싫어하는데, 무슨 일 있는 건 아닌가요?", "선생님이 무섭다고 하는데, 무슨 일이 있나요?"라고 다짜고짜 물으면 선생님은 당황할 수 있습니다. 또 아이의 등교 거부에 대한 책임을 선생님에게 따지는 것처럼 오해가 발생할 수도 있습니다.

"학교에 가기 싫어하고, 아침마다 매우 불안해하는 것 같습니다. 등교하고 나서는 괜찮은지 알 수가 없어 선생님께 도움을 요청합니다. 아이의 학교생활이 전반적으로 어떤가요?"

"아이가 자꾸 선생님이 무서워서 학교에 가기 싫다고 합니다. 저는 선생님께서 이유 없이 아이들에게 무섭게 할 분이 아니라고 생각하기에 선생님께 상황을 말씀드립니다. 제가 가정에서 아이에게 어떤 부분에 대해 이야기해 주면 좋을까요?"

이러한 표현으로 아이의 상황을 공유하며 선생님을 비난하는 느낌은 주지 않으면서 적절한 도움을 요청할 수 있습니다. 선생님은 아이의 노력에 대해 칭찬이나 지지해 주면서 선생님에 대해 좀 더 편안하게 생각하도록 도와주거나, 아이와 대화하는 시간을 통해 선생님과 새로운 관계를 경험하도록 도와주기도 합니다. 특히 아이가 사회적 민감성이 높아서 선생님과의 관계를 예민하게 여길 때 더욱 도움이 됩니다.

등교를 거부하는 빈도나 강도가 점점 줄어든다면 그때 아이의 노력을 충분히 지지해 주는 것이 좋습니다. 아이에게 나타난 긍정적인 변화를 이야기해 주고 스스로 점점 나아지고 있다는 것을 느낄 수 있도록 해 주세요. 하지만 만약 아이의 등교 거부가 강하고 지속적인 패턴으로 6개월 이상 유지된다면 학교 내 상담 선생님 또는 아동 전문가와의 상담을 고려해 보는 것도 권합니다. 아이가 겪는 문제를 자세히 이해하고 보다 본질적인 해결책을 찾는데 도움이 될 수 있습니다.

대처법 ❾
전문가 상담이나 검사를 권유 받았을 때

담임 선생님으로부터 아이가 상담센터에 가서 전문가를 만나고 심리검사와 상담을 받았으면 좋겠다는 권유를 받게 되면 부모님들은 많이 당황합니다. 선생님이 아이에 대해 잘 모르고 너무 섣불리 문제가 있다고 판단하시는 것은 아닌지 화도 나고, 정말 문제가 있는 건지 걱정과 두려움을 느낄 수 있습니다.

하지만 이러한 이야기를 하는 선생님의 입장도 쉽지 않다는 것을 먼저 생각해 보는 것이 좋습니다. 선생님으로서 부모와 대화하기 가장 부담스러운 주제 중 하나가 바로 '전문 상담 권유'입니다. 부모의 기분을 상하게 만드는 일이고, 조심스러운 부분이라는 것을 누구보다 잘 알기 때문이지요. 선생님은 교육전문가이기에 아이들의 발달이나 특성, 또는 증상에 대해 알아채기는 하지만, 치료적 개입을 할 수 있는 경우는 별로 없습니다. 아이가 검사를 받고, 전문가 상담을 받아야 하는 상황이라는 것은 잘 발견하는 경우가 많습니다. 그리고 부모에게 상담을 권유할 때는 종합적으로 관찰했을 때 아이에게 정말 필요하다고 생각해서 조심스럽게 말을 꺼내는 것이 보통의 경우입니다. 오히려 그냥 말하지 않고 넘어가면 편할 수 있음에도 성장기의 아이들에게 한 달, 1년은 정말 큰 차이이고 중요한 시기임을 알기에 모른 척할 수 없어서입니다.

따라서 부모는 불쾌한 감정에 휩싸이기보다는 학교에서의 아이의 생활을 한 번 더 파악하고 선생님의 이야기를 참고하여 전문기관에서 검사하고 판단해 보는 것이 필요합니다.

✤ 부모가 이렇게 해 보세요

만약 전문가를 만나 검사와 상담을 진행하게 된다면, 아이의 일상생활과 학교생활 이야기를 자세하게 해야 합니다. 저도 상담 현장에서 부모를 만나다 보면 간혹 아이의 문제나 행동 특성에 대해 충분히 관찰하거나 파악하지 않고, 그냥 선생님이 가 보라고 해서 왔다고 말하는 부모들을 만나게 됩니다. 선생님의 이야기를 참고할 수는 있지만 전적으로 반영할 수는 없기에 결국 부모의 관찰과 이야기가 필요합니다. 그리고 아이에 대한 다양한 정보가 반영될수록 아이에 대한 상담 목표와 계획도 더욱 잘 세워질 수밖에 없습니다.

따라서 내가 지금까지 아이를 보던 것과는 조금 새롭고 다른 눈으로 아이를 관찰해 보세요. 부모가 아이의 행동이나 발달, 학습, 정서 등에 대해 고민하고 있던 부분도 다시 메모하며 정리해 보는 것을 권합니다. 정리해 두지 않으면 상담을 마치고 나와서 아차 싶은 부분이 생길 수 있어요. 또한 내가 볼 수 없는 환경에서 아이에 대해 관찰할 수 있는 사람이 선생님입니다. 담임 선생님에게 상담을 요청하고 다양한 환경에서 보이는 아이의 행동에 공통점이 있는지, 어떤 차이가 있는지를 살펴보는 것을 권합니다.

✣ 선생님과 이렇게 소통해 보세요

선생님이 아이의 심리검사와 상담을 권유했다면 우선 선생님과의 상담을 잡고, 권유한 이유나 학교에서 보이는 아이의 행동에 대해 자세히 파악해 보는 것이 좋습니다. 부모가 이

미 알고 있거나 예상한 행동이지만 학교생활에서는 더욱 심하게 나타날 수도 있고, 어떤 경우에는 부모는 전혀 몰랐던 부분을 학교에서 발견하기도 합니다. 주로 부주의나 충동적인 행동, 과도한 불안, 또래 관계에서의 공격성 그리고 학습과 관련된 인지 수준, 난독 등의 문제가 많습니다.

"이런 이야기 해 주시기 쉽지 않으셨을 텐데 아이에게 관심 가져 주시고 상담을 권유해 주신 점 감사합니다. 혹시 아이의 어떤 행동 때문에 전문가 상담을 권하시는지 알 수 있을까요?"

"아이가 그런 행동이 있다는 것은 알고 있었습니다. 그런데 학교에서는 제가 알고 있는 것보다 훨씬 심하게 그런 행동을 보이는 것 같네요. 혹시 최근에 더 심해졌을까요?"

이러한 질문을 통해 부모님에게 어려운 권유를 하느라 마음 졸였던 선생님을 안도하게 만들고, 아이의 행동을 파악하기 위한 더 많은 정보와 도움을 요청할 수 있습니다. 또한 아이의 행동 빈도나 특성에 대해 좀 더 자세히 파악하기 위한 질문을 해볼 수도 있습니다.

"아이가 집중하지 못하고 글을 이해하기 어려워하는 부분이 또래 대비 얼마나 차이가 날까요? 모든 과목에서 비슷하게 어려워하나요?"
"그런 행동은 수업 시간마다 반복되나요? 아니면 그럴 때도 있고 아닐 때도 있을까요?"

이러한 질문들은 부모가 아이의 행동을 깊이 이해하려는 의지, 선생님과 협력적인 관계를 맺으려는 의지를 보여 주는 데 도움이 될 수 있어요. 더불어 아이의 행동이 일관되게 반복되는지 상황에 따라 차이가 있는지를 파악하는 것은 매우 중요합니다. 또한 학교라는 공간에서 여러 아이와 함께 학습하는 상황에서 관찰되는 아이의 행동은 전문가에게 도움이 되는 중요한 정보입니다. 문제가 되는 아이의 행동 특성이 지속적이고 반복적으로 일어난다면, 그리고 그 정도가 학교적응에 따라 나아지지 않고 더 강해지는 패턴을 보인다면 빠르게 심리검사로 상황을 파악하고 전문가의 상담을 통해 도움을 받는 것이 좋습니다.

상담은 학교에서도 가능하지만 보다 지속적인 상담과 치료를 위해 지역 사회 청소년 상담복지센터나 일반상담센터도 추천합니다. 아이가 검사하고 상담 및 치료를 시작하게 된다면 선생님에게 이러한 상황을 공유하는 것이 좋습니다. 상담에 적응하는 과정에서 당분간 지속될 수 있는 아이의 행동에 대해 적절한 이해와 도움을 요청하기에도 용이하기 때문입니다.

대처법 ⑩
담임 선생님이 전화를 너무 자주 할 때

휴대폰에 학교 번호가 뜨면 괜히 긴장되고 가슴이 철렁한 건 모든 부모가 느끼는 마음일 겁니다. 게다가 전화를 받을 때마다 선생님이 아이의 문제점이나 부정적인 부분을 이야기한다면 선생님의 전화가 너무 부담스럽고 힘들 수밖에 없습니다. 아이들끼리의 문제에 대해 학급 내에서 최대한 아이들을 지도하며 해결하고 정말 필요한 경우에만 부모에게 도움을 요청하는 선생님이 대부분입니다. 하지만 간혹 아이들이 충분히 할 수 있는 실수나 행동, 아이들 간의 작은 갈등이 발생할 때마다 부모에게 전화하고 알리는 선생님들이 있습니다. 안 받거나 피할 수도 없고, '죄송하다 잘 지도하겠다.'라고 말하는 것도 한두 번이지 마음이 무척 심란해지지요.

때로는 금방 고쳐지지 않는 아이의 행동이 문제가 되어 선생님 또한 어쩔 수 없이 전화해야 할 때도 있습니다. 이런 경우 부모는 죄송하고 미안한 마음도 들면서도, 동시에 괜히 선생님에게 서운하고 속상한 마음도 들 수 있습니다. 부모도 나름대로 아이의 행동을 조절하고 반복하여 가르치고 있는데도 생기는 불편한 상황에 대해 화가 나기도 하고 무기력감을 느끼기도 하고요. 선생님이 아이를 너무 부정적으로만 보시는 것은 아닐까 우려도 됩니다.

✤ 부모가 이렇게 해 보세요

부모는 선생님의 전화를 받고 또 받으면, 아이에 대한 평정심과 일관성이 무너지는 경우가 많습니다. 아이에게 필요 이상으로 화를 내거나 감정적으로 훈육하기 쉽지요. 아이가 가진 어떤 행동 특성이 있고 그것이 문제가 된다면 짧은 시간 안에 쉽게 고쳐질 수 없습니다. 어른인 부모도 잘못된 습관 하나 바꾸는 것이 무척 어렵지 않나요? 아이의 경우 아직 사회성, 성격, 인지 등의 발달이 진행 중이기에 더욱 미숙한 모습을 보일 수 있고 행동이 조절되기까지 반복적으로 훈육이 필요합니다.

또한 가정에서 노력을 지속해야, 선생님에게도 부모가 하는 노력을 이야기할 수 있으며 선생님에게 필요한 부분을 잘 요청할 수 있습니다. 속상한 마음에 빠져 선생님을 잘못 만난 것 같다고 원망하고 비난만 하기에는 아이와 오늘 상호 작용 하는 시간이 너무나 중요하기 때문이기도 하지요.

✣ 선생님과 이렇게 소통해 보세요

선생님이 여러 번 아이 문제로 전화하거나, 아이의 부정적인 부분에 대해 반복적으로 이야기하는 것으로 인해 스트레스를 받는다면 가정에서의 노력과는 별도로 선생님과의 대화를 위한 지혜가 필요합니다. 부모로서 느끼는 부담과 염려를 우회적으로 전달하는 것이지요. 우선은 감사의 표현으로 대화를 시작하는 것이 좋습니다.

"선생님께서 항상 아이에게 관심 갖고 지도해 주셔서 감사합니다."

"선생님 덕분에 제가 아이의 행동에 대해 잘 알고 가정에서도 지도할 수 있어서 감사하게 생각합니다."

그러고 나면 선생님의 이야기가 미치는 영향과 걱정을 부드럽게 표현해 볼 수 있습니다. 선생님에게 부모의 입장이나 감정을 표현해도 되는지 걱정하는 분들이 많은데, 표현하는 방식을 잘 선택한다면 유용할 수 있습니다.

"선생님께서 자주 아이에 대해서 연락을 주시니 많이 걱정됩니다."

"선생님이 전화할 때마다 제 아이에 관한 이야기를 듣고 나면 조금 마음이 무겁네요."

"가정에서는 이런 노력을 계속 기울이고 있는데, 학교에서는 아직 변화가 별로 없으니 제가 마음이 무겁네요. 아이의 변화를 조금만 기다려 주실 수 있을까요?"

더불어 부모와 대화할 때마다 아이에 대해 부정적인 부분만 이야기하는 선생님이 우려된다면 다른 관점으로 생각해 보도록 우회하는 표현으로 불편과 걱정으로 표현할 수 있습니다.

"아이가 학교생활에서 다른 아이들보다 잘하는 부분이 없을까요?"

"아이를 지도하면서 적절하게 칭찬도 하기 위해 학교생활에 대해 알고 싶습니다. 혹시 아이의 학교생활 중 제가 격려하고 칭찬할 만한 행동이 있을까요?"

이런 질문에 대해 '아이는 부정적인 행동만 하고 장점은 하나도 없습니다.'라고 대답할 선생님은 거의 없습니다. 부모님이 던지는 질문에 따라 다른 관점으로 한 번 더 생각하고 어떻게 해서든 좋은 부분을 찾아내어 이야기해 주게 되지요. 이런 과정을 통해 아이에 대한 선생님의 관점을 긍정적인 부분으로 돌리고 부모님의 염려도 부드럽게 전달할 수 있습니다.

선생님과 부모의 관계도 인간관계이기에 언제나 잘 맞고 좋은 선생님만 만날 수 있는 것은 아닙니다. 그래도 아이와 선생님의 관계를 피할 수만은 없고, 아이의 1년 학교생활에 영향을 가장 많이 주는 사람이기 때문에 지혜롭게 대화하며 부정적인 영향을 최소화하는 것이 필요할 수 있습니다. 부모가 할 수 있는 노력을 지속하며 선생님에게도 적절하게 표현하고 소통하여 가능하면 긍정적인 관계로 전환되도록 합니다.

대처법 ⑪

담임 선생님이
내 아이에게 무관심하다고 느낄 때

"선생님은 나한테 관심이 없어. 도움을 요청했는데도 도와주지 않아."

학교에서 돌아온 아이가 풀이죽어 이렇게 이야기한다면 어떤 마음이 들까요? '선생님이 우리 아이를 미워하나? 왜 그렇게 반응한 걸까?' 의아하고 걱정이 될 수 있습니다. 그런데 아이의 말만 듣고 서운함을 느끼거나 바로 단정하기보다는 좀 더 다양한 관점에서 상황을 살펴볼 필요가 있습니다.

우선 담임 선생님이 학급을 운영하는 상황에 대해 생각해 보는 것이 중요합니다. 얼마 전 인스타그램 릴스에서 어떤 초등학교 선생님의 하루를 찍은 영상을 본 적이 있습니다. 지역에 따라 차이는 있지만 최소 20명이 넘는 아이들을 종일 가르치고 수업 종료 후에도 다음날 수업 준비와 여러 행정적인 업무를 처리하느라 정신없는 선생님의 일과를 잘 볼 수 있었지요. 가장 인상 깊었던 부분은 수업 시간과 쉬는 시간에 아이들이 선생님에게 수많은 이야기를 내뱉는 장면이었습니다. "선생님 쟤가 나한테 이랬어요!", "선생님 ○○이가 저한테 뭐라 했어요.", "선생님 이거 어떻게 하는 거예요?", "선생님 ○○이 울어요!", "선생님 국 쏟았어요." 여러 아이가 쉴새 없이 도움을 청하고, 선생님 앞에서 조잘조잘 이야기합니다. 그야말로 아수라장이지요. 그런 상황에서 선생님은 모든 아이가 하는 말에 100% 반응해 주기는 어렵습니다. 최대한 듣고 도와주려 하지만, 더 급한 상황이나 싸움 같은 위급한 일부터 개입하고 나면 도움을 받지 못한 아이들도 있을 수밖에 없습니다. 선생님의 무심함이나 차별이라기보다는 어쩔 수 없는 교육현장의 한계입니다.

✣ 부모가 이렇게 해 보세요

아이의 이야기를 좀 더 자세히 듣고 적절한 질문을 통해 상황을 잘 파악해 볼 필요가 있습니다. 언제 어떤 일이 생겼고, 아이가 어떤 요청을 선생님에게 했는지 아이에게 들으며 선생님의 상황을 한 번 고려해 보는 것이지요. 아이 나름대로는 잘 표현했다고 하지만 다른 아이들 대비 너무 작은 목소리로 앉은 자리에서 요청해서 전달되지 않는 경우도 있습니다. 또 아이들이 마구잡이로 도움을 요청하는 상황이라 선생님의 손이 한 명 한 명에게 다 닿지 못한 상황일 수도 있고요.

이러한 경우를 고려하여, 아이에게 "선생님은 한 분이고 너희는 너무 여러 명이라서 한꺼번에 이야기하거나, 더 급한 일이 생기면 바로 도움을 못 줄 수 있어."와 같은 대답을 활용하여 아이의 마음을 달래 주고 아이가 다른 사람의 입장을 생각해 볼 기회를 주는 것이 좋습니다. 또한 중요한 이야기는 앉은 자리에서 조용하게 이야기하지 않고 선생님에게 가서 다시 분명하게 전달하거나 요청해 보도록 권하는 것도 필요합니다. 선생님이 인지할 수 없을 만큼 작은 목소리로 이야기하는 아이들도 있는데, 이런 경우 의사 표현 방법만 바꾸어 줘도 선생님이 빠르게 알아차리고 대응해 줄 수 있는 경우가 많기 때문입니다.

또한 종종 아이가 '선생님이 나를 차별해!'라고 표현하는 경우가 있습니다. 이 경우에도 아이의 말을 듣고 부모는 손이 떨리고 걱정될 수 있지만, 아이의 생각으로는 선생님이 내가 하는 말은 못 듣고 친구의 말에만 대답해 주었거나, 손을 들 때 발표 시켜 주지 않았다는 단편적인 상황만으로 자신이 느낀 감정을 그대로 이야기하기도 합니다. 그래서 우선 속상한 마음을 알아주되 아이가 상황을 좀 더 다양하게 볼 수 있도록 이야기해 주면서 이러한 상황이 얼마나 자주 반복되는지 좀 더 지켜보고 개입하는 것이 필요합니다.

✣ 선생님과 이렇게 소통해 보세요

만약에 선생님이 아이의 요청을 계속 알아차리지 못하거나 반응해 주지 않는다면, 이 부분에 대해 선생님과 이야기해 보는 것이 좋습니다. 이러한 불편한 감정이 쌓이게 되면 선생님과의 우호적인 관계를 만드는 데 도움이 되지 않기 때문이죠. 나쁜 의도로 아이를 무시하기보다는 에너지가 강하고 행동이 빠르며 해결해야 하는 문제를 만드는 특성의 아이들보다 조용하거나 느리고 순한 성격의 아이들이 하는 요청이 잘 포착되지 않는 경우가 많습니다.

선생님에게 아이가 도움을 요청했을 때 선생님의 도움을 받지 못한 구체적인 상황에 대해 이야기 하고 '부모인 내가 알지 못한' 다른 이야기가 있는지 파악하려는 태도를 보이는 것이 좋습니다.

"선생님, 아이가 친구들과 말다툼이 있을 때 선생님이 들어주지 않았다고 이야기했습니다. 저희 아이 한 명만 지도하는 것이 아니기에 아이들 모두에게 다 반응해 줄 수 없다는 것을 충분히 이해합니다. 다만 아이가 계속 이야기하고 있어서, 이 상황을 선생님께 공유하고 아이에게 잘 설명하고 싶어 도움을 요청합니다."

"선생님 아이가 수업 시간에 발표하려고 손을 들거나, 잘 따라가지 못하는 부분에 대해 도움을 요청할 때 선생님이 들어주지 않는다고 이야기했습니다. 제 생각에는 아이가 워낙 작게 이야기를 하는 편이기에 소란스러운 교실 내에서 선생님이 듣지 못하셨을 수도 있습니다. 아이가 자꾸 이 이야기를 하다 보니, 아이에게 어떻게 이해시키면 좋을지 도움을 요청하고 싶습니다."

이러한 표현을 통해 선생님의 무관심을 비난하지 않으면서도 아이의 상황과 서운한 감정을 간접적으로 전달할 수 있습니다. 더불어 선생님이 실제로 조금 소홀했다 해도, 이러한 대화를 통해 목소리가 작고 소극적인 아이들의 표현에 대해 좀 더 관심 갖는 계기가 될 수도 있습니다.

· 에필로그 ·
모든 문제의 해결은 기본에서 시작됩니다

청소년 상담사로 일하면서 지역 내 초등학교에 방문하여 학교폭력 가해, 피해 상담을 하거나 심리수업을 많이 하던 때가 있었습니다. 그때가 가장 학교라는 현장과 가까이 있으며 발생할 수 있는 다양한 문제를 온몸으로 느끼고 경험했던 시간이었습니다. 교실에 들어가 수업하다 보면 참 다양한 특성을 가진 아이들이 모여 있습니다. 제가 참 좋아하는 그림책 《수상한 우리 반》에는 엉덩이에 뿔이 달리고, 머리에 꼬리가 달렸는데 알고 보니 날개를 가진 아이들이 등장합니다. 모두 문제가 있는 듯 보였지만 자기만의 개성을 가지고 있었고 서로의 차이를 이해하고 솔직하게 공유할 때, 우리 반에 있는 아이들이 저마다의 빛을 내며 성장하고 타인과 나의 차이를 수용하는 방법을 배우게 되지요. 실제 학교 현장도 이와 다르지 않습니다. 너무 다양한 특성을 가진 아이들이 있다 보니 당연히 부딪히고 갈등이 생기며 내 아이가 가진 부족한 부분도 도드라져 보일 수 있습니다. 중요한 점은 이러한 성장 과정을 바라보는 부모의 태도입니다. 아이의 문제를 감추거나 수습하기 위해 부모만 끙끙거리거나, 책임을 회피하고 싶은 마음에 학교나 다른 사람의 문제로 떠넘기게 되면 문제가 해결되지 않는 것은 물론이고 아이에게 때에 맞춰 다가오는 성장의 기회를 놓치게 됩니다.

가장 중요한 것은 우리가 상식이라고 생각하는 태도와 예의를 갖추고 소통해 나가는 것입니다. 부모가 먼저 아이와 그러한 관계를 맺어야 합니다. 저도 초등학생인 아이를 양육하다 보니, 아이의 문제에 대해서는 이성적으로 접근하기가 어렵고 쉽게 감정적으로 동요된다는 것에 대해 깊이 공감합니다. 그렇지만 아이 또한 독립적인 자신만의 세계를 구축하고 세상에서 살아가는 원리를 배워가는 하나의 인격체입니다. 본능적으로 거짓말을 하거나 감추려고 할 수 있고, 괴롭힘인지 모르고 실수할 수도 있습니다. 해결하고 싶은 정확한 자신의 욕구를 파악하고 상대방에게 표현하는 것이 서툴기에 고자질하거나 우는 등의 미숙한 방법을 선택하기도 하지요.

아이에게 가장 기본적이고 안정적인 대인 관계의 시작은

부모입니다. 그렇기에 아이가 초등학생이 되어도 여전히 부모와의 관계, 인간적인 소통은 중요합니다. 아니 영유아 시기보다 더욱 중요해집니다. 이해되지 않고 당황스러운 일이 발생하더라도 문제에 차분히 접근하고 아이의 이야기를 듣고 상황을 파악하는 것을 놓치지 않아야 합니다. 이러한 과정을 통해 아이 또한 문제에 접근하고 타인과 소통하는 방식을 배우게 되기도 합니다.

또한 선생님과의 관계에서 기본적인 태도와 예의를 갖추는 것이 필요합니다. 여러 가지 또래 관계나 학교생활에서 발생하는 문제를 살펴보았듯, 아이가 경험하는 많은 갈등과 문제들은 교실이라는 상황 안에서 일어납니다. 부모가 미처 알 수 없고 세세하게 파악하기도 어렵습니다. 선생님은 그러한 의미에서 아이의 성장을 돕는 좋은 조력자입니다. 그런데 선생님이 어떤 역할을 하는지, 아이에게 어떤 의미인지 정확하게 이해하지 못하거나 존중하는 마음을 갖지 않은 채로 이야기를 나눌 경우 쉽게 해결할 수 있는 문제도 더욱 어렵게 만들거나 아이의 학교생활을 불편하게 만들기도 합니다. 부모가 가정에서 해야 하는 역할과 선생님만이 해 줄 수 있는 역할은 분명하게 구분됩니다. 아이에게는 선생님을 포함하여 다른 사람들이 해 줄 수 없는 부모만이 가진 유일한 역할이 있습니다.

초등학교 시기에는 아이가 살아가는 평생 필요한 많은 것에 영향을 미치는 중요한 발달과업이 진행됩니다. 특히 대인관계에서의 문제 해결력은 아이가 비슷한 또래들보다 눈에 띄는 역량을 발휘하게 되는 중요한 능력입니다. 이는 가정과 학교 어느 한 곳에서의 경험이나 노력만으로는 이루어지지 않습니다. 부모와 선생님이 더욱 잘 협력하며 각자의 역할을 잘해주어야 하는 이유이기도 하지요.

크고 작은 갈등이 많아지는 시대에, 다시금 부모와 선생님의 협력적인 관계가 아이들에게 얼마나 중요한지 생각해 보는 계기가 되었으면 합니다. 가정과 학교를 통해 건강하게 사회성이 자란 아이들은 우리 미래사회를 더욱 건강하게 만들 수 있으며, 아이들 또한 보다 행복하게 살아갈 수 있게 해 줄 것입니다.

(Q&A)

초등 학부모가 가장 궁금해하는 20가지

Q1. 아이가 규칙을 잘 안 지켜서 자주 혼나요

아이가 초등학생이 되고 벌써 일 년이 지나가는데 여전히 담임 선생님으로부터 전화가 자주 옵니다. 아이가 학교에서 지켜야 하는 규칙들을 잘 지키지 않아서 자주 혼이 나는 듯해요. 이를테면 순서를 지켜 차례대로 하지 않거나, 쉬는 시간에 복도에서 뛰어다니는 행동 등을 한다고 해요. 집에서도 자주 이야기하고 가르치려고는 하는데, 잔소리만 되는 것 같고 학교에서의 행동이 나아지지도 않는 것 같아 걱정입니다.

아이가 규칙을 잘 지키지 못한다고 선생님으로 연락을 받으면 부모 마음이 무겁고 좋지 않죠? 부모는 노력한다고 하는

데, 아이가 금방 달라지는 것은 아니니 걱정스럽고 초조한 마음이 들 수 있어요. 아이들이 규칙을 배우고 실천하기 위해서는 행동의 조절이 필요합니다. 어떤 행동을 하고 싶을 때 바로 행동을 하기 전에 규칙을 생각해 내며 조절하는 것이 필수이지요. 그렇기에 아이들이 규칙을 따라 행동하기가 쉽지 않은 것입니다. 하지만 어려운 일이라고 해서 포기할 수는 없는 일입니다. 학교에서의 규칙을 잘 지키는 것은 아이의 또래 관계와 자신감에도 영향을 주기 때문이에요.

아이와 편하게 이야기하며 왜 규칙을 잘 지키지 못하는지 살펴볼 필요가 있어요. 우선, 규칙이 너무 어렵고 많아서 무엇이 중요한지 모를 수 있어요. 둘째, 아이가 규칙을 기억하려는 노력이 부족한 것일 수도 있지요. 셋째, 자신을 통제하기 어려울 정도로 지나치게 부주의한 것은 아닌지로 나누어 살펴보세요.

학교생활은 수많은 규칙으로 이루어져 있어요. 다 잘 지키면 좋겠지만, 처음부터 모든 규칙을 다 지킨다는 것은 아이로서는 어려울 수 있어요. 우선 여러 가지 규칙 중 아이가 잘 지킬 수 있는 것을 한 가지 정도만 고르게 하세요. 그리고 등교 전 아이가 규칙을 스스로 말해 보며 기억하게 도와주세요. 예를 들어 "수업 시간에 말하고 싶으면 어떻게 해야지?"라고 물으면 아이가 스스로 "손을 들고 기다린다."라고 대답하도록 말이에요. 이렇게 하면 아이가 단순한 규칙을 반복적으로 기억할 수 있게 됩니다. 지켜야 할 규칙 중 한두 가지를 잘 지켜본 경험이 있어야, 다음 규칙으로 넘어갈 수 있어요. 아이에게 가르치고 연습시키는 상황을 담임 선생님께 알리는 것도 아이가 익숙해질 때까지 시간을 확보하는 데 도움이 됩니다.

만약 아이가 그다지 난이도가 높지 않은 한 가지 규칙도 지키기 어려워하거나, 교실에서 지나치게 부주의한 행동 패턴을 반복적으로 보인다면, 반드시 전문가와 상담해 보시길 권합니다.

Q 2. 나쁜 말을 자주 해요

학교생활에 적응하면서 아이가 친구들과 어울리고 노는 것에 대한 즐거움을 알게 된 것 같아요. 친구들과 잘 지내는 것은 좋은데 언젠가부터 자꾸 예전에 안쓰던 유행하는 말이나, 건방진 말투를 쓰고 때로는 비속어나 심한 욕설도 해요. 아이는 무슨 뜻인지도 모르고 따라 하는 것 같지만, 보기에도 좋지 않고 듣기 싫은 것이 솔직한 마음이네요. 그렇다고 대놓고 야단치면 부모 앞에서는 하지 않지만, 밖에 나가서는 더 험한 말을 쓸까 봐 걱정입니다.

초등학교 시기부터 아이에게 중요해지는 것이 바로 또래

관계입니다. 또래들 사이에서 내가 어떻게 보이고 어떤 사람으로 인정받고 싶은지에 많은 관심이 생기고 영향을 받게 됩니다. 그래서 부모가 보기에는 크게 걱정할 만한 일이 생길 수 있습니다. 아이가 무작정 친구들을 따라 나쁜 말이나 유행하는 말, 심한 욕 등을 한 번씩 내뱉을 때이지요. 부모로서는 무척 당황스럽겠지만 아이에게는 한 번쯤 꼭 찾아오는 변화의 과정일 뿐입니다. 이럴 때 아이에게 "어디서 그렇게 나쁜 말을 배웠니?"라고 다그치거나 혼내면 역효과가 나기 쉽습니다.

아이들은 보통 제대로 그 말이나 행동의 뜻을 알지 못한 상태에서 그냥 친구들과 동질감을 느끼기 위해 따라 하는 경우가 많습니다. 또는 미디어를 통해 아이가 알게 된 비속어 등을 친구들 앞에 자랑하고 싶어서일 수도 있지요. 남자아이들 사이에서는 좀 더 과한 욕을 하거나 성적인 은유가 담긴 비속어를 쓰는 친구가 더 멋지고 어른스럽다고 여기기도 하지요.

먼저 아이에게 엄마 아빠 또한 비슷한 마음으로 욕이나 나쁜 행동을 따라 해 본 적이 있다고 경험을 공유해 주는 것도 좋습니다. 아이가 말하는 나쁜 말과 행동을 따라 하는 이유를 공감은 해 주되, 그 말과 행동이 어떤 나쁜 뜻을 가졌는지 알아듣도록 설명해 줘야 합니다. 그리고 친구들 사이에서 소통을 위해 적절히 사용할 수도 있지만, 어른들 앞에서는 쓰지 말아야 한다는 가이드라인을 알려 주는 방식이 아이와 이런 문제를 꾸준히 개선하기에 더 효과적입니다.

Q 3. 친구들이 나를 싫어한다고 말해요

아이가 어느 날 갑자기 "엄마 아빠 친구들이 나를 별로 안 좋아하는 것 같아.", "친구들에게 나는 인기가 없어."라고 말을 했어요. 너무 가슴이 철렁하고 놀라 담임 선생님에게 상담 요청도 드렸는데, 교실에서 특별한 일은 없다고 하네요. 조용하고 눈에 잘 안 띄는 아이지만 친구들 관계에서는 큰 문제가 없다고 생각했는데, 스스로에 대해 그렇게 생각하고 있다니 속상하고 어떻게 대해야 할지 모르겠습니다.

"나는 인기가 없어, 친구들이 나를 좋아하지 않아."라고 말하면 부모의 마음은 정말 철렁합니다. 하지만 놀란 마음을 진정하고 아이가 어떤 경우에 그렇게 느끼는지 물어보고 이야기를 들어볼 필요가 있습니다. 아이가 실제로 그런 상황에 놓인 것과 그렇게 느끼는 것은 다르기 때문입니다. "어째서 그런 생각이 든 거야?"라고 질문해 주세요. 아이가 만약 "잘 모르겠어. 그냥 그런 생각이 들어."라고 모호하게 대답한다면, 그런 마음이 들 때, 왜 그런지를 잘 기억했다가 엄마 아빠에게 다시 이야기해 달라고 요청하는 것도 좋습니다.

아이가 자신을 누군가와 비교하여 친구들에게 인기가 없다고 느낀다면, '인기'에 대한 아이의 생각을 유연하게 해 주는 대화가 필요합니다. 꼭 친구들의 지목을 많이 받는 것이 전부가 아니며, 다른 방식으로도 친구들과 관계를 만들고 문제를 해결해나가는 멋진 리더 십이 있다는 것을 아이가 알 필요가 있습니다. 더불어 친구들이 자신에게 어떻게 다가오도록 할 수 있는지 방법을 알려 주는 것도 좋습니다. 남자아이라면 축구나 야구 등 친구들이 나에게 관심을 가질 만한 활동을 함께 해 보라고 구체적인 도움을 주는 것도 좋습니다.

Q4. 학교 숙제를 힘들어 해서 매일 전쟁이에요

아이가 학교 숙제를 너무 힘들어 합니다. 사실 익힘책을 통해 복습하거나, 독서록, 일기 정도인데, 아이가 특히 글씨 쓰기를 싫어하다 보니 시작하기도 어렵고, 스스로 하도록 내버려두면 아예 숙제를 안 할 것 같고, 숙제도 안 한 채 학교에 보낼 수는 없어서요. 매일 아이 숙제를 매일 봐 주고 있는데, 다 못한 채로 다음날 학교에 가져가는 경우가 많아요.

아직 아이 혼자 숙제해 내는 습관이 덜 잡힌 시기에는 숙제로 인한 어려움이 매일 반복 될 수 있습니다. 아이가 스스로 하도록 팽개쳐 둘 수 없는 이유 중 하나는 바로 '선생님의 평가와 시선'에 대한 의식 때문입니다.

아이가 놀다가 결국 숙제를 다 못한 채 자버리는 날도 있고, 숙제를 다 못해서 학교에 가서 혼이 나는 경우도 충분히 발생할 수 있습니다. 아이가 숙제를 안해서 학교에서 선생님에게 지적 받는 것이 마음에 걸려서 부모가 매일 간신히 숙제를 마치게 하는 패턴이 반복되면 안 됩니다. 그러면 아이는 학습 주도성을 키우지 못하고 계속 떠밀리듯 숙제만 하게 되지요.

따라서 현재 아이의 상황에 대해 선생님과 솔직하게 소통하는 것이 가장 중요합니다. 가정에서는 아이가 오늘의 숙제가 무엇인지 알고, 시간을 정해 숙제하도록 지도하고 있지만, 어떤 날은 숙제를 안 하는 상황이 발생하기도 하고 아이가 미뤄서 다 못 할 때도 있다고 말이죠. 아이가 연습하는 과정에 있음을 선생님께 알리세요. 필요하다면 선생님이 꾸짖음이나 격려를 적절하게 해 줄 수 있기 때문입니다.

만약 선생님의 숙제가 지나치게 많은 것이 명확하다면, 아이가 최선을 다해 숙제하도록 하고, 담임 선생님에게 짧은 메시지를 덧붙여 간접적으로 숙제의 양이나 난이도에 대한 의견을 전달할 수 있답니다.

Q 5. 초등학교 반 친구 엄마들과 가깝게 지내야 하나요?

유치원 때와는 또 다르게 초등학교부터는 학부모 모임이 중요하다고 하니 입학 전부터 부담되네요. 혹시 제가 아이의 반 친구 엄마들과 잘 지내지 못해서 아이가 불이익을 당하거나 학교생활에 어려움이 생길까 불안하기도 해요.

아이의 초등학교 생활을 앞두고 내향적인 부모님들은 여러 종류의 학부모 모임이 부담스럽고, 또 맞벌이를 하는 부모님의 경우에는 학부모 모임에 참석하지 못해 아이가 혹시 어떠한 기회에서 배제되지는 않을까 고민하기도 합니다.

학교의 형태에 따라 학부모 참여 정도는 차이가 큽니다. 그래서 아이의 입학을 결정할 때 아이의 학교생활도 중요하지만, 아이가 다닐 학교(예를 들어 사립학교/ 대안학교 등)에서 학부모의 참여도가 어느 정도인지를 함께 고려하는 것이 중요합니다. 부모가 너무 무리해야 하거나 스트레스를 받는 것은 아이의 안정적인 학교생활에 결국 어려움을 주기 때문입니다. 학교 특성상 학부모 참여의 비중이 크다면, 나의 성향이나 상황이 가능한지를 객관적으로 살펴보아야 합니다.

결국 부모의 가치와 성향에 대한 선택이 가장 중요합니다. 학교의 운영을 위해 학부모가 참여해 주면 좋을 여러 활동이 있습니다. 하지만 그 외 사적인 학부모 모임에 참여하는 것은 선택적인 부분입니다. 학부모 모임을 통해 부모가 오히려 스트레스를 받거나 과도하게 많이 들은 정보로 인해 혼란스러워지고 아이를 몰아붙이게 된다면 그 모임은 결코 도움이 되지 않습니다. 학부모 모임이, 아이와의 관계나 건강한 성장보다 중요하지 않다는 점을 꼭 기억해 주세요.

Q 6. 단짝 친구하고만 친하게 지내요

아이가 몇 명만 딱 골라서 그 친구들하고만 놀아요. 어떤 때는 단짝 친구만 딱 한 명하고만 놀 때도 있습니다. 아이가 여러 성향의 아이들과 두루 잘 어울리며 사회성을 키웠으면 좋겠는데, 너무 한 친구에게만 집착하는 것은 아닌지 걱정이 될 때가 많습니다. 혹시 그 친구와의 사이가 나빠지면 정말 친구가 없어질까 봐도 걱정이 되고요. 이대로 두어도 괜찮을까요?

단짝 친구 또는 소수의 친구하고만 어울리려는 특성은 초등학교 시기에서 청소년기까지 흔히 나타나는 모습입니다. 부모는 오히려 아이가 친구 관계에 너무 집착하는 것 같고, 되려 상처받는 상황도 생길 것 같아서 우려도 됩니다. 하지만 아직 또래 경험이 충분하지 않은 아이에게 다양한 친구들을 골고루 사귀는 것, 그 자체가 쉽지 않은 일입니다. 특히 누구나 안정적인 관계에 정착하고 싶은 마음은 있을 수 있습니다. 청소년기나 성인기에도 이런 행동은 충분히 나타날 수 있지요. 중요한 것은 아이에게 다양한 기회가 자연스럽게 생기도록 돕는 전략을 사용해야 한다는 점입니다. "그 친구하고만 놀지 말고 다른 친구들이랑도 좀 놀아 봐."라는 요청은 아이가 쉽게 받아들이기 어렵고 그런 시도를 해야 할 필요성을 느끼기도 어렵습니다. 또한 학급 내 다른 아이들도 이미 단짝이나 소수로 그룹을 이루어 놀고 있는 경우가 많기 때문이지요. 그래서 아이가 학급내에서가 아닌 단짝 친구가 없는 다른 관계를 접할 수 있도록 도와주는 것이 좋습니다. 학원 친구 또는 부모님을 통해 만나는 친구 등 다양한 관계를 자주 접하게 되면 '아~ 이런 관계도 있구나.'라는 경험이 아이 마음 안에서 쌓이게 됩니다. 필요한 시기에 새로운 친구를 받아들이고 지금의 관계가 혹시 깨어져도 다른 관계를 새롭게 시도해 볼 수 있는 힘이 생기게 됩니다.

Q7. 세 명의 친구들과 놀면서 자꾸 싸워요

우리 아이 포함 세 명의 아이가 친하게 지냅니다. 친구들과 즐겁게 노는 것은 좋지만 때로는 너무 지나쳐 보여서 걱정스럽기도 합니다. 너무 셋만 어울리는 것 같아서 다른 친구들과는 잘 지내는 건지 걱정도 되고요. 게다가 세 명이다 보니 자주 다투기도 합니다. 한 명과 두 명이 편을 갈라 싸우기도 하고, 그 안에서 서로 상처 받는 일도 종종 있습니다. 결국 다시 화해하긴 하지만 서로 상처를 줄 때도 있지요. 계속 이렇게 놔두어도 될지 고민입니다.

초등연령부터 아이들은 그룹을 만들고 무리 지어 어울리는 것을 좋아합니다. 특히 여자아이들인 친한 친구들끼리 나뉘어 그룹을 만드는 경우가 많지요. 마음에 맞는 친구들과 조금 더 가깝게 지내는 것이 나쁜 것이라고 볼 수는 없습니다. 하지만 작은 무리 안에서 반복적으로 한 명을 왕따를 시키거나 서로 상처를 주는 것을 보게 되면 부모로서 고민할 수밖에 없습니다. 혹 우리 아이가 상처받는 상황이 생기면 속상한 마음이 들기도 합니다. 마치 내가 소외된 것처럼 느껴져서 아이보다 더 속상하고 슬픈 마음이 든다는 부모님도 만나곤 했습니다.

하지만 가장 먼저 해야 할 것은, 이 경험을 '문제 해결을 배우는 기회'로 삼고자 하는 부모의 마음입니다. 아이는 살아가면서 앞으로 이런 상황을 반복적으로 경험하게 될 것입니다. 이 상황에서 문제가 무엇인지 파악하고 적절한 행동을 선택해야만 하지요. 가능한 아이들이 이 문제에 대해 깨닫고 잘 해결할 수 있도록 도움을 주어야 합니다. 특히 우리 아이가 고립되고 속상한 상황일 경우가 아니라, 무리 안에서 다른 친구가 소외되었을 때 아이가 다시 이 상황에 대해 객관적으로 생각해 보고 서로의 입장과 마음을 살펴보도록 도와주는 것이 좋습니다. 아무래도 내가 속상할 때보다는 생각하고 판단하는 것이 더 쉽기 때문이지요. 더불어 우리 아이가 또래 무리에서 반복적으로 소외되는 상황이 발생한다면, 그 관계에서 문제를 해결하려는 시도보다는, 아이가 다른 친구들과 자연스럽게 사귀어보는 경험을 갖게 하는 것이 더 도움이 됩니다.

Q 8. 또래보다는 형이나 언니하고 어울려요

아이가 또래보다 자기보다 나이 많은 형이나 언니하고 노는 것을 더 좋아합니다. 친구가 놀자 그러면 싫다고 하고, 친구의 형이나 언니를 따라다니며 놉니다. 물론 누구하고라도 잘 지내고 재미있게 놀면 좋지만, 그래도 학교생활에서는 또래와 어울려야 하는데, 아이가 이렇게 형이나 언니하고만 놀려고 하는 것을 그냥 두어도 되는지 걱정이에요.

또래보다는 자신보다 나이가 많은 형이나 언니 등과 놀이하는 것을 더 좋아하는 아이들이 있습니다. 보통 친구나 또래 관계 등을 생각하면 주로 같은 나이의 아이들과 맺는 관계를 떠올리기 때문에 '왜 형이나 언니를 더 좋아하지?' 하는 의문이 생기거나 걱정을 하게 되지요.

왜 그러는 걸까요? 여러 가지 이유가 있을 수 있지만 '발달의 차이'도 하나의 이유가 될 수 있습니다. 유아에서 초등시기 아이들은 생일이 불과 몇 달 차이여도 발달 차이가 꽤 날 수 있습니다. 같은 나이의 아이들끼리여도 몇 달 생일이 앞서고 언어 발달도 좀 더 빠른 편이라면 또래와의 차이가 크게 느껴질 수 있습니다. 이렇게 되면 아이는 또래와의 놀이가 재미없을 수 있습니다. 나보다 더 말을 잘하고 놀이를 이끌어 줄 수 있는 형이나 언니가 놀이 상대로 더 적절하다 생각하게 되지요.

또 아이의 성향도 영향을 줍니다. 새로운 자극에 대한 호기심이 큰 아이들은 또래보다 더 새로운 경험을 많이 주는 형이나 언니를 선호합니다. 다른 한편으로는 변화를 싫어하고 적응시간이 오래 필요한 성향의 아이들은 변수가 많고 예측할 수 없는 행동을 하는 또래보다는 안정적이며 때로는 자신을 돌봐 주는 역할을 하는 형이나 언니, 또는 어른과의 상호 작용을 편안하게 느끼기도 합니다.

아이가 또래보다 형이나 언니를 선호하는 것은 발달이나 성향과 같은 이유의 일시적인 행동일 수 있으며, 문제가 되는 것이 아니라는 점입니다. 상대가 누구든 함께 어울리며 문제를 해결하고, 상호 작용하는 즐거움을 경험하면 이는 점차 또래와의 관계로도 이어지게 됩니다.

Q 9. 친구와 놀 때, 자기가 꼭 대장을 하려고 해요

아이가 친구들이랑 놀고 있는 것을 보거나, 또는 학교생활 이야기를 듣다 보면 너무 걱정스러울 때가 많아요. 아이가 너무 이기적이고 제 맘대로만 하는 것이 자꾸 눈에 거슬리네요. 같이 노는 친구들이 착해서 그냥 넘어가는 것 같은데, 계속 저러면 미움받을 것 같아서 지켜보는 제 마음만 타들어갑니다. 아이에게 그러지 말라고 이야기해도 소용이 없고 오히려 엄마에게 반발합니다.

아이들끼리 노는 모습을 보면 아직 사회성을 연습하는 과정이라 서툴고 이기적인 모습이 많이 보입니다. 부모의 눈에는 내 아이의 부족함이 더 크게 보이지만, 사실 모든 아이의 사회성은 여전히 부족한 상태입니다. 어떤 아이는 내가 원하는 것을 강하게 주장하며 앞장서기도 하고, 어떤 아이는 다른 친구의 주장에 좀 더 끌려 가는 모습을 보이기도 하지요. 차이는 있지만 궁극적으로 사회성의 의미에서 보았을 때는 양쪽 다 사회성이 부족한 상태라고 할 수 있습니다.

부모는 아이로부터 친구와 있었던 일을 듣게 되면 지적하고 싶은 마음부터 앞서게 됩니다. 아이가 친구를 데려와 집에서 노는 모습을 봤을 때 당장이라도 달려가서 아이의 행동을 말리고 싶어지기도 합니다. 하지만 결국 아이는 부모로부터의 피드백이 아닌, 자신만의 경험을 통해 더욱 정확하게 배울 수 있습니다.

"그렇게 하면 친구가 기분 나빠할 거야."라는 말을 먼저 하기보다는, "친구가 왜 기분 나빠하며 갔을까?", "네 말을 어떻게 바꾸어 말했으면 좋았을까?"라는 질문이 아이에게는 더욱 효과적인 배움이 될 수 있지요. 조급한 부모님의 마음은 충분히 이해하지만, 우리 역시 미워하고 미움을 받는 경험을 통해 성장했듯, 우리들의 아이 또한 경험을 통해서 배우는 분량이 있다는 것을 잊지 말아야 합니다.

Q 10. 아이가 공감 능력이 너무 부족해요

아이가 너무 공감 능력이 부족하고 무딘 것 같아서 걱정입니다. 친구들이 속상해 하는 상황에서 너무 다른 이야기를 해서 깜짝 놀란 적이 있어요. 친구의 입장에서는 당연히 속상할 수밖에 없다고 이야기하면 끄덕이기는 하는데 정말로 알아듣는 표정은 아니에요. 제가 아이에게 잘 가르치지 못한 건지, 아이가 정서적으로 문제가 있는 것은 아닌지 걱정이 되네요.

아이의 공감 능력이 너무 부족한 것 같다며 찾아오시는 부모님이 꽤 많습니다. 아이가 자기만 생각하고 행동할 때, 다른 친구나 가족의 입장은 생각하지 않을 때 아이의 공감 능력이 부족하다고 느끼는 경우가 보통입니다. 그런데 공감 능력은 후천적으로 연습하여 성장하는 영역인 만큼, 처음부터 완벽할 수가 없지요. 물론 다른 사람의 감정을 잘 알아차리고 맞춰 주는 아이도 있습니다. 하지만 이런 경우도 공감이라기보다는 타고난 사회적 민감성이 높아서 다른 사람의 표정이나 감정에 민감한 편이라고 보는 것이 맞습니다.

공감을 위한 가장 첫 단계는 자신의 감정을 이해하는 것입니다. 내가 느끼는 감정이 무엇인지 알아야, 내 감정을 조절하는 단계로 가게 되고 비로소 다른 사람의 감정으로 초점이 옮겨질 수 있습니다. 그래서 아이에게 감정에 대해 가르치는 것을 멈추지 않아야 합니다. 특히 아이에게 다른 사람의 감정에 대해서만 가르치는 것이 아니라, 아이가 느끼는 감정에 대해 먼저 이해할 수 있게 해 주어야 합니다. 더불어 부정적인 감정("네가 이렇게 하니까 친구가 슬퍼하잖아.")에만 집중하지 않고 긍정적인 감정("너의 행동으로 인해 친구가 행복했을 것 같아.")에 대해서도 함께 알려 주시길 권합니다. 그림책이나 이야기책, 콘텐츠를 통해 다양한 인물의 상황을 간접 경험하는 것도 감정 배움의 좋은 도구가 됩니다. 멈추지 말고 아이에게 계속 감정에 대해 알려 주세요.

Q 11. 항상 남 탓을 하는데 어떻게 대처해야 할까요?

아이는 자꾸 다른 사람 탓을 합니다. 숙제하다가 잘 안되면 선생님 탓, 친구랑 놀다가 속상한 일이 생기면 친구 탓, 집에서 놀다가 마음대로 안 되면 엄마 탓을 하며 울어버리기도 합니다. 자기의 감정을 다른 사람에게 미루고 탓하는 아이, 저도 이렇게 얄미운데 다른 사람들은 어떻게 받아 줄 수 있을까 싶어요.

성숙한 대인관계에서 가장 필요한 것은 '책임감'입니다. 책임감은 내가 한 일에 대해 스스로 책임을 지려고 하는 태도이지요. 그래서 아이가 자신의 속상한 마음을 다른 사람의 잘못으로 덮어 버리려고 하거나, 남의 탓을 하며 모면하려는 모습을 보일 때 부모는 화가 나고 속상합니다. 그런데 유아에서 초등연령의 아이들은 굉장히 자연스럽고 쉽게 '남 탓'을 합니다. 그저 내가 느끼는 속상함과 슬픈 마음, 그리고 좌절감 등을 어떻게 표현하고 해결해야 할지 몰라서 다른 사람에게 미루는 마음에 가깝다고 볼 수 있습니다.

예를 들어 숙제가 힘들면 이 속상한 마음을 어떻게 해야 할지 모르기 때문에 '다 선생님 잘못이야!' 라고 털어버리려고 하는 것이지요. 이럴 때 중요한 것은 아이가 있는 그대로 자기의 감정을 표현하는 경험을 하도록 돕는 것입니다. "왜 남 탓을 하고 그러니?"라고 잘못을 꼬집는 것보다는 "선생님 때문이라고 한 건 어떤 마음이 들었기 때문이니?"라고 묻고 "그냥 숙제하기 싫고 잘 안돼서 속상해 라고 솔직하게 말하면 돼."라고 이야기해 주는 것이 좋습니다. 아이가 다른 사람 탓을 하는 상황을 파악하고 자신의 마음을 좀 더 올바른 방식으로 표현하게 도와주세요!

Q 12. 짝꿍에게 물건을 빌려주지 않아요

아이가 친구들에게 자기 장난감을 같이 가지고 놀거나 빌려주려고 하지 않아요. 다른 친구가 집에 오는 것을 싫어하는 이유도 자기 물건을 만지는 것이 싫어서라고 하네요. 그러면서 아이는 다른 친구 집에 잘 놀러 갑니다. 아이를 너무 이기적으로 키운 것은 아닌지 괜히 반성하게 되네요. 어떻게 가르치면 좋을까요?

초등학생이 되면 '나 자신'에 대한 개념이 생기기 때문에 '나의 소유물'에 대한 인식도 자리 잡게 됩니다. 그래서 내 것과 다른 사람의 것을 구분하고, 내 것을 확보하려는 행동이 나타나지요. 물론 빌려주고 양보하는 것을 배우는 것은 정말 중요합니다. 하지만 내 것이 충분히 확보되지 않거나, 빌려주고 돌려받지 못하는 경험이 쌓이면 누구라도 빌려주는 것을 꺼릴 수 있어요.

그래서 아이의 이전 경험을 반드시 먼저 살펴보아야 합니다. 아이가 가정에서 형제자매에게 자꾸 나누어 줘야 했거나, 내 것을 잘 지킬 수 없는 상황이었다면 또래 관계에서는 내 것을 나누지 않으려는 모습을 보일 수 있습니다. 또 이전에 친구에게 빌려줬지만 달라고 말하지 못했던 경험이 있다면 빌려주는 것 자체를 꺼릴 수 있지요. 이런 경우 아이가 자신의 것을 잘 확보하여 빌려줄 수 있는 것을 골라내고, 빌려주고 돌려받는 경험을 해 보도록 돕는 것이 중요합니다. 또래 관계에는 빌려주고 받는 경험을 할 수 있도록 구체적인 말과 행동을 알려주고 연습하게 해 주세요. 담임 선생님에게 공유하고 도움을 요청하는 것도 좋습니다. 교실 내에서 서로 빌려주고 돌려받는 경험은 아이에게 '함께 사용하는 것에 대한 안전함'을 통해 다른 구성원들에게 신뢰를 갖게 합니다.

Q 13. 부모하고만 놀려고 해요

친구를 한참 좋아하는 때라고 하는데, 아이는 여전히 엄마 아빠하고만 같이 있으려 합니다. 친구들이 놀자고 해도, 집에 있고 싶어 하거나, 엄마 아빠하고 노는 게 더 좋다고 하네요. 그러다 보니 이따금 아이의 사회성에 문제가 있는 것은 아닌가 걱정이 되네요.

또래와 놀이하는 것보다 집에서 부모와 시간을 보내는 것을 더 좋아하는 아이들이 있습니다. 부모는 저러다가 아이에게 친구가 하나도 없어지면 어쩌나 초조해 집니다. "왜 친구랑 나가서 좀 놀지."라고 하면 "엄마 아빠랑 있는 게 더 편해."라고 이야기하는 경우가 많지요.

이런 경우, 우선 학교생활에서 아이가 또래와 어떻게 지내는지를 파악하는 것이 중요합니다. 만약 아이가 학교에서는 친구들과 그럭저럭 잘 지내고 논다면 너무 걱정할 필요는 없습니다. 아이들마다 대인관계에서 사용할 수 있는 에너지의 정도가 다르고, 또래보다 좀 더 편안하게 부모와 함께하는 것을 선호할 수 있으니까요. 바깥보다는 집이라는 공간이 아이에게 더 안정감을 주는 것일 수도 있습니다. 하지만 아이가 학교에서 또래와 잘 어울리지 못하고 집에만 머물며 부모하고만 상호 작용을 하려고 한다면 유심히 살펴보고 전문가의 도움을 받는 것이 좋습니다. 아이가 다른 사람과의 관계를 두려워하거나 싫어하는 것일 수도 있고, 원하지만 어떻게 해야 할지 몰라 피하는 것일 수도 있기 때문입니다.

Q14. 지는 것을 못 참고 화를 내요

아이가 워낙 승부욕이 넘치고 욕심이 많은 성향이기는 합니다. 그래서 자신이 일 등을 못 하거나 다른 친구에게 지면 난리가 납니다. 엄마 아빠와 게임을 할 때도 자기가 지면 화내거나 장난감을 던져서 크게 혼이 나기도 해요. 아이의 과도한 승부욕, 말려야 할까요?

지는 것을 유독 싫어하고 경쟁심이 심한 아이들이 있습니다. 아이에게 "네가 항상 이길 수 있는 것은 아니야."라고 아무리 말로 가르쳐도 소용이 없지요. 하지만 객관적으로 생각해 보면 승부욕이 많고 지기 싫어하는 것 자체가 오히려 아이가 가진 강점일 수도 있지요. 아이가 가진 경쟁심과 승부욕이 문제가 아니라, 지는 것에 화를 내거나 울고불고하는 아이의 '행동'에 대한 가르침이 필요한 것이지요. 또래 관계에서도 팀이 되어 함께 경기나 게임을 할 때, 잘하려고 노력하고 잘하는 아이를 친구들도 좋아합니다.

즉 아이가 배울 것은 마음대로 되지 않아서 지거나 실패했을 때 감정을 어떻게 해결하고 표현해야 하는지에 대한 방법입니다. 그래서 부모는 아이에게 그 방법을 집중적으로 알려 줄 필요가 있습니다. 이를 위해 때때로 아이에게 져 줄 때도 필요합니다. 아이를 화나지 않도록 봐주는 것이 아니라, 아이에게 '제대로 지는 방법'을 보여 주기 위해서입니다. 아이는 자신이 이겼을 때 기쁜 상태이고 마음에 여유가 있습니다. 이때 진 상대방이 어떤 식으로 패배에 대한 감정을 표현하는지 잘 배울 수 있습니다. "이겨서 좋겠다! 축하해.", "져서 너무 아쉽다.", "졌지만 너무 재밌다. 한 번 더 할까?" 등의 우리가 아이에게 기대하는 반응을 보여 주세요. 아이는 어떻게 지는 것이 멋진 방법이며, 자신의 실패를 어떻게 해결해야 하는지 간접적이지만 강력하게 배우게 됩니다.

Q 15. 아이가 학교생활에 대해 잘 말하지 않아요

학교생활에 대해 아이가 통 말해 주지 않습니다. 저는 궁금한 것이 너무 많은데 아이에게 아무리 질문을 해도 별로 얻을 수 있는 것이 없네요. 같은 단톡방을 통해 '아~ 이런 것을 했구나.' 라고 알게 될 때도 많아요. 아이는 왜 학교생활에 대해 잘 말해 주지 않는 걸까요?

아이가 초등학교에 가면 무엇을 하고 어떤 하루를 보냈는지 알기가 어렵습니다. 아이에게 물어봐도 대답을 제대로 안 하거나 잘 모른다고 하는 경우가 많으면 무척 답답하지요.

아이를 탓하기에 앞서 부모의 질문이 어떠했는지 살펴보는 것이 우선입니다. 먼저 아이는 학교 다녀오고 나서 시간이 한참 지나면 정말 학교에서의 활동이 잘 기억나지 않습니다. "오늘 점심 급식 메뉴가 뭐였어?"라는 단순한 질문에도 대답 못하는 경우가 많아요. 그래서 가능하면 아이가 학교를 다녀온 직후에 대화하는 것이 가장 좋습니다. 하교하는 아이를 직접 만나지 못하더라도 잠깐의 전화 통화를 하고 직후에 할 수 있다면 좋겠지요.

두 번째는 아이에게 자세히 대답할 수 없는 애매한 질문을 한 건 아닌지 생각해 보아야 합니다. 부모님들이 아이에게 자주 묻는 "수업 잘 들었어?", "친구들과 잘 놀았어?", "급식 맛있게 잘 먹었어?"와 같은 질문은 "네."라는 답 이외에는 대답할 부분이 거의 없는 닫힌 질문입니다. 게다가 '잘'이라는 것은 어느 정도인지 판단하기도 쉽지 않지요. 게다가 아이들은 자기가 좋아하는 것이나 관심있는 것에만 집중하는 경향이 있기 때문입니다. 특히 남자아이들의 경우에는 선생님이 내일까지 부모님 확인을 받아오라는 통지서보다, 오늘 점심 시간에 축구 시합을 해서 우리가 몇 대 몇으로 이겼는지만 기억하는 경우가 더 많습니다. 그런데 부모가 원하는 답은 이런 내용이 아닌 것이지요. 그렇다면 질문은 좀 더 구체적으로 하는 것이 좋습니다. "오늘 발표 시간에 너는 무얼 이야기했어?", "오늘 체육 시간에는 어떤 활동을 했어?", "오늘 가장 재미있는 시간은 뭐였어?"와 같이 아이의 시간표나 학습계획표를 파악한 상태에서 하는 질문이 답변을 듣기 좋습니다.

　마지막으로 아이의 잘못을 추궁하는 질문을 반복하고 있지는 않은지 돌아보아야 합니다. 부모가 확인하고 싶은 마음에 "오늘은 친구랑 안 싸우고 잘 지냈어?", "수업 시간에 잘 앉아 있었니?"와 같은 질문을 많이 한다면 아이는 학교생활에 관한 대화를 나누고 싶지 않습니다. 혹시나 하는 부모의 마음은 이해되지만, 아이와 대화를 잘 나누기 위해서는 아이에게 하는 질문이 어떤지 점검해 보세요.

Q 16. 아이를 통해 들은 선생님의 발언이 부적절한 것 같아요

아이가 학교생활 이야기를 하다가 선생님이 어떤 이야기를 했다고 전해 주는데 저는 순간 고개를 갸웃했어요. 선생님이 아이들에게 이런 이야기를 해도 되는 건가 싶기도 하고, 내가 너무 예민하게 생각하나 싶기도 했어요. 아이를 통해 들은 선생님의 말이 좀 이상하다고 느낄 때는 어떻게 하면 좋을까요?

　아이로부터 수업 이야기를 듣다 보면 가끔 의아한 마음이 생길 때가 있습니다. 선생님이 아이들에게 어떤 개념에 대해서 잘못 설명했거나, 확인되지 않은 이야기, 또는 특정 대상을 차별하는 표현 등을 하는 경우이지요. 물론 선생님은 아이들에게 무언가를 신중하게 이야기하고 정확하게 가르치기 위해 노력하지만, 선생님도 사람이기에 어떤 부분에서 실수가 있을 수도 있습니다. 또한 상당히 많은 경우에서, 아이가 잘못 전달하는 일들이 발생합니다. 아이가 잘못 이해했거나 전체적인 맥락에서 부분만 기억하고 이야기했거나, 자신이 이해한 대로 설명하는 경우이지요. 아이의 잘못이라고 하기도 어렵습니다. 아이가 그 나이에 가지고 있는 발달적 한계도 분명히 있기 때문이에요. 따라서 아이의 이야기를 한 번 듣고 바로 어떤 행동을 취하는 것 보다는, 아주 위급한 부분이 아니라면 좀 더 지켜보면서 아이의 이야기를 꾸준히 들어보는 것이 좋습니다. 그리고 해당 부분이 계속 반복되거나, 아이가 반드시 제대로 이해해야 하는 부분이라면 선생님에게 문의해 보세요. 이때 "선생님이 이렇게 설명하신 것이 사실인가요?", "아이들에게 이런 말을 하면 안 될 것 같습니다."와 같은 단정적인 표현보다는, "아이가 이렇게 이해하고 있는 것 같은데, 잘못 이해하는 부분이 있다면 선생님이 다시 설명해 주시길 부탁합니다."와 같이 부드럽게 돌려서 요청해 보는 것을 권합니다. 실제로 선생님이 잘못 설명했다면 부모님의 의견이 자연스럽게 전달될 수 있고, 만약 아이가 오해하거나 잘못 이해한 부분이 있다면 바로잡을 수 있는 기회가 되기 때문입니다.

Q 17. 선생님이 반 아이들을 차별한다고 해요

아이가 학교 다녀오더니 선생님이 차별한다고 속상해합니다. 게임을 하는데 여자아이들에게만 기회를 더 주었다고 불공평하다고 화내더라고요. 아이의 이야기를 듣다 보니 아이가 속상할 수 있다는 생각이 들었어요. 그리고 만약 사실이라면 너무 불공평한 것은 아닌지 하는 마음도 드는데, 선생님에게 이런 이야기를 해도 될까요?

아이에게 학교생활 이야기를 듣다 보면 "선생님이 여자(남자)애들만 차별했어!", "선생님이 내 이야기는 안 듣고 ○○이 이야기만 들어 줬어!"라는 표현을 듣게 되는 경우가 있습니다. 부모로서 가슴이 철렁하는 말이지요. 하지만 실제로 초등학교 교실을 가보면 수업 시간 뿐만 아니라 점심시간이나 쉬는 시간 또한 정말 정신이 없습니다. 아이들은 선생님만 나타나면 저마다 있었던 일을 이르고, 도와달라고 하고, 칭찬해달라고 하며 아우성칩니다. 그 와중에 위험한 행동을 하거나 싸우는 아이들의 문제를 해결하는 것은 언제나 급한 일이 되지요. 그러다 보면 선생님의 행동이 아이에게는 차별로 느껴질 수 있고 속상한 마음을 느끼게 할 수 있습니다. 의도적으로 차별하거나 아이를 무시하는 선생님보다는, 교실 상황이 아이가 그렇게 느낄 만한 경우가 더 많다는 것이지요.

물론 그렇다고 해서 아이의 감정이 무시돼야 한다는 것은 아닙니다. 하지만 아이의 이야기만 듣고 분노나 불평의 반응을 바로 하기보다는, 먼저 아이의 감정을 부모가 공감해 주고 반복적으로 같은 상황이 일어나는지 시간을 두고 지켜볼 필요가 있습니다. 만약 문제를 계속 일으키거나 싸우는 아이들 때문에, 오히려 다수가 발표나 참여할 기회를 놓치고 선생님에게 피드백을 받지 못하는 상황이 반복된다면 그때 선생님에게 아이의 마음에 대해 공유하는 것도 좋은 방법입니다. 또한 가능하다면 아이가 자신이 섭섭하게 느끼고 차별이라고 생각하는 부분에 대해 선생님과 의논하며 해결하도록 부모가 지지하고 돕는 것도 좋은 경험이 될 수 있습니다.

Q 18. 선생님에게 억울하게 혼났다고 해요

오늘 학교생활은 어땠냐고 물으니 아이가 무척 속상해 하며 선생님에게 억울하게 혼이 났다고 하네요. 자기가 잘못한 것도 아닌데, 선생님이 오해해서 자기만 혼냈다고요. 아이의 마음도 이해가 되지만 순간 말문이 턱 막혔어요. 아이 편을 들어야 하는지, 아니면 선생님에게 확인하거나 어떤 조치를 취해야 하는지 멍해지더라고요.

학교 교실에서는 아이들 간의 크고 작은 싸움이 끊이질 않습니다. 같은 나이이지만 가정환경도 성향도 다른 아이들, 그리고 성별이 다른 아이들이 함께 섞여 지내다 보니 서로 울리고 우는 일이 매일 반복되지요. 보통 저학년 교실 내에서 일어나는 아이들의 갈등은 한 쪽의 완전한 잘못보다는 둘 다 미숙하게 행동한 경우가 많고 선생님은 양쪽의 이야기를 모두 듣고 문제를 잘 해결하는 방법을 배우도록 노력합니다. 하지만 아이들은 저마다 억울할 수 있습니다. 타인에 대한 객관적인 시각이 확립되지 않은 시기이기 때문에 내 입장에서만 상황을 보기 때문이지요. 그래서 선생님은 적절하게 대응하고 서로 사과하도록 잘 이끌었음에도, 아이들은 부모님에게 '억울하다.'라는 표현을 할 수 있습니다. 이때 부모님은, 아이가 어떤 점에서 속상한 마음을 느꼈고 동시에 어떤 미숙한 대응을 했는지를 파악하는 것입니다. "많이 속상하겠구나. 가장 속상했던 건 뭐였니?", "친구의 어떤 행동 때문에 화가 났던 거야?"라고 묻고 아이가 속상하게 느낀 부분에 대해서는 공감해 줄 수 있습니다. 하지만 동시에 "그다음에 너는 어떻게 했니?"와 같은 질문을 통해 아이의 대응이 어떠했는지, 또는 "넌 친구에게 뭐라고 말했는데?"라고 객관적으로 전후 상황을 파악해 보는 것이 좋습니다. 아이는 때때로 약간의 억울한 감정도 느껴보면서 문제를 해결하는 경험을 해 보아야 합니다. 부모의 균형 잡힌 관점과 신중한 개입이 아이에게 더욱 큰 배움을 줄 것입니다.

Q 19. 게임, 카톡 괜찮을까요?

아이가 초등학교 3학년쯤 되니, 스마트폰을 가진 친구들이 많아지면서 자기들끼리 카톡을 하는 것 같아요. 가끔 친구랑 함께 온라인 게임을 해도 되냐고 물어보기도 하네요. 친구들과 소통하는 것이 중요할 것 같고 너무 소외되지 않게 도와줄 필요가 있겠다 싶으면서도, 카톡이나 게임으로 인해 아이에게 있을 부정적인 영향을 생각하니 선뜻 허락할 수가 없습니다. 어떻게 해야 지혜롭게 사용하도록 도와줄 수 있을까요?

게임이나 스마트폰 사용 문제는 부모에게 늘 내적 갈등을 가져옵니다. 무조건 금지하자니 아이가 친구들로부터 단절될 것 같아 걱정스럽고, 허락하자니 찜찜하고 불안합니다. 하지만 단순히 친구들과 게임을 하게 하냐, 카톡을 하도록 해 주냐의 문제가 아니라 좀 더 중요하고 본질적인 부분을 생각해야 합니다. '언제 스마트기기를 사용할 수 있고 또 언제 멈추어야 하는지?', '얼마나, 어떻게 사용할 수 있는지?'에 대한 기준이 있어야 합니다. 친구들과 게임이나 카톡으로 소통하는 것을 허락할지 말지는, 스마트기기에 대한 가족 내의 규칙 내에서 결정될 수 있는 부분입니다.

아이가 친구와 게임을 하는 것 자체는 문제가 되지 않습니다. 언제 할 수 있고 그 시간을 친구와 조율할 수 있으며, 부모와의 약속에 따라 멈춰야 할 때 멈출 수 있는 더욱 중요한 문제이지요. 카톡도 마찬가지입니다. 친구와 스마트폰으로 연락한다, 안 한다라는 문제보다는 아이가 어디까지 자유롭게 사용할 수 있으며, 어떤 경우에는 부모에게 허락을 구해야 하는지 미리 정해 주어야 합니다. 그래야 아이는 조절을 연습할 수 있게 됩니다.

요즘 많은 초등학교에서는 단체톡방을 만들지 못하도록 하고 있습니다. 부모와 선생님의 손이 닿지 않은 온라인 공간에서의 따돌림이나 나쁜 말 사용 등을 막기 위해서이지요. 학교의 방침이 있다면 그 안에서 아이가 스마트폰을 사용하도록 하고, 모르는 사람과는 대화하지 않는다, 이름이나 연락처, 주소 등의 개인정보는 알려주지 않는다 등의 위험방지를 위한 약속을 정해 주는 것이 좋습니다.

Q 20. 친구들이 다니는 학원에만 가고 싶어해요

자꾸 친구들을 따라 학원을 가고 싶다고 합니다. 한두 개도 아니고 그렇다고 그 학원에서 배우는 것을 우선순위로 열심히 하는 것 같지도 않아요. 그냥 친구들이랑 놀고 싶은 마음에 가겠다고 하는 듯해요. 저는 아이가 학원에 아직 안 가도 된다고 생각하는데 아이가 친구들을 따라 이 학원, 저 학원을 다니겠다고 하니 경제적으로 부담되는 것은 물론이고 이렇게 학원을 다니는 게 맞는지 걱정됩니다.

아이가 친한 친구들을 따라 학원을 다니겠다고 하면 부모로서는 난감한 부분이 많습니다. 부모는 학원을 아직 보낼 생각이 전혀 없는데 아이가 친구들 따라가고 싶다며 조르기도 하고, 이미 잘 다니고 있는 학원을 그만두고 친구들이 다니는 곳으로 가고 싶어 하기도 합니다. 또 본인은 전혀 관심 없는 분야의 예체능 학원도 친구만 있다는 이유로 무작정 보내달라고 조르는 아이들도 있지요.

이렇게 조르는 아이들의 마음도 이해가 됩니다. 학교에서는 친구들과 자유롭게 놀고 이야기할 수 있는 시간이 부족하며, 학원에 가야지만 친구들과 놀 수 있는 기회가 많기 때문입니다. 특히 친구를 유독 좋아하는 아이라면 더욱 그럴 수밖에 없습니다. 부모가 무조건 안 된다고 하기에는 친구를 좋아하는 아이의 마음이 딱하게 느껴지기도 하지요. 따라서 명확한 기준을 가지고 아이가 그 안에서 선택하도록 도와주는 것이 가장 좋습니다. 아이가 원하는 대로 계속 학원을 옮겨주거나 친구와 똑같은 학원을 다닐 수 있도록 맞춰 주는 것을 권하고 싶지 않습니다. 그래서 아이가 만약 세 군데의 학원에 다닌다면 그중 한 군데 정도만 친구들이 있는 곳으로 선택하는 식으로 기준이 필요합니다. 원하는 것을 적절하게 존중받고, 할 수 없는 것을 위해 조율하고 선택하는 연습이 이러한 과정을 통해 이루어지도록 도와주세요.

초등 저학년 아이의 사회성이 자라납니다

1판 1쇄 인쇄 2024년 1월 19일
1판 1쇄 발행 2024년 1월 29일

지은이 | 이다랑 이혜린
펴낸이 | 김영곤
이사 | 은지영
논픽션2팀 | 김종민 신지예
아동마케팅영업본부장 | 변유경
아동마케팅1팀 | 김영남 정성은 손용우 최윤아 송혜수
아동영업팀 | 강경남 오은희 김규희 양슬기
e-커머스팀 | 장철용 전연우 황성진
편집 | 꿈틀 이정아 북디자인 | design S 제작 관리 | 이영민 권경민

펴낸곳 | (주)북이십일 아울북
출판등록 | 2000년 5월 6일 제406-2003-061호
주소 | 경기도 파주시 회동길 201(문발동) (우 10881)
전화 | 031-955-2709(기획개발), 031-955-2100(마케팅·영업·독자문의)
팩스 | 031-955-2177
홈페이지 | www.book21.com

ⓒ 이다랑, 이혜린, 2024

ISBN 979-11-7117-401-0 (13590)

· 책값은 뒤표지에 있습니다.
· 이 책 내용의 일부 또는 전부를 재사용하려면 반드시 ㈜북이십일의 동의를 얻어야 합니다.
· 잘못 만들어진 책은 구입하신 서점에서 교환해 드립니다.